程志律

新版 實用
視聽華語
學生作業簿

PRACTICAL AUDIO-VISUAL
CHINESE
STUDENT'S WORKBOOK
2ND EDITION

4

主 編 者◆國立臺灣師範大學
編輯委員◆范慧貞・劉秀芝(咪咪)・蕭美美
策 劃 者◆教育部

 目 錄

第一課　新年晚會

一　請把生詞跟發音（pronunciation）連起來

1. 眼鏡　yǎnjìng ✓
   眼睛　yǎnjīng
2. 錄影　lùyīn
   錄音　lùyǐng
3. 民主　mínzú ✗
   民族　(mínjhǔ) mínzhǔ
4. 烏龍　wúlùn
   無論　wūlóng

   └No matter what.
5. 主任　(jhǔrèn) zhǔrèn
   責任　zérèn ✓

二　請找出錯字，再寫出對的來。

(響)(效)1. 老李買的音嚮很好，錄音的郊果很好。

(捲)(綠)2. 剛剛的春卷太油膩，我喝了一杯錄茶才覺得舒服一點。

(蹈)(汗)3. 王英英表演民族舞稻，跳得滿頭大扞。

(目)(負)4. 新年晚會的節日，由你來貧責安排。

(灘)(愉)5. 我舅舅招待我們去海洋世界玩，大家都都玩得很偷快。

待

(劇)(幕)6. 我祖母喜歡看京據，可是眼睛不好，我爸為他買了個大螢募的電視機。

1

三 連連看

e.c 1. 孩子們手忙腳亂地忙了一上午，

a. 我叫他們把用過的盤子、碗一件一件地洗乾淨。

d.e 2. 孩子們烤這隻火雞，

b. 哪裡會吃膩？！

3. 孩子們烤火雞用了很多盤子、碗，烤好了以後，

c. 孩子們興奮得一會兒叫，一會兒跳。

h.d 4. 都是你忘了打電話，冰箱還沒修理好，

d. 把廚房弄得髒死了。

5. 這隻烤火雞不新鮮了，

e. 總算把火雞烤好了。

ch 6. 聽說今天吃烤火雞，

f. 坐下來就吃個不停。

7. 他愛吃烤火雞，

g. 別再吃了。

8. 烤火雞這麼好吃，

h. 吃不完的烤火雞要放在哪裡啊？

四 請選出合適的詞

1. 我跟張小姐動作沒辦法__配合__（a.配合　b.合作），所以不能一起跳舞。

2. 在電視上表演一定得__化裝__（a.化裝　b.化妝），要不然臉色不好看。

3. 林教授下禮拜要演講，__海報__（a.廣告　b.海報）已經貼出來了。

4. 老高在外國留學那幾年，因為不能適應環境，生活很不__愉快__（a.愉快　b.興奮）。

5. 小王__招待__（a.招待　b.負責）我吃了一頓晚飯。

6. 張小姐在一家__服裝__（a.服裝　b.衣服）公司上班，所以每天都穿得很漂亮。

7. 我們家的音響壞了，請你<u>派</u>（a. 配　b. 派）一個人來修理。

8. 這次錄影沒錄好，會長<u>怪</u>（a. 怪　b. 罵）大家配合得不好。

9. 今天早上我起得太晚，<u>張開</u>（a. 張開　b. 張）眼睛已經九點了。

10. 這次的慶祝活動，你要表演什麼<u>節目</u>（a. 計畫　b. 節目）？

11. 王老闆做生意一直很<u>順利</u>（a. 順便　b. 順利），才幾年就發了大財。

12. 這是一<u>首</u>（a. 首　b. 卷）法國民謠，會唱的人很多。

五　請選出合適的詞填上

光碟、光碟機　　　1. 我買了一台<u>光碟機</u>，也可以用電視看電影<u>光碟</u>，非常方便。

背、背包　　　　　2. 我的錄音筆是裝在昨天<u>背</u>的那個<u>背包</u>裡，今天沒帶來。

機器、機器人　　　3. <u>機器人</u>是最聰明的<u>機器</u>，都是配合人類的需要做出來的。

數位化、數位相機　4. <u>數位相機</u>把相片<u>數位化</u>，相片可以放很久，顏色都不變。

族、民族　　　　　5. 中國一共有五十六個<u>民族</u>，百分之九十是漢(hàn)<u>族</u>。

錄音筆、錄音帶　　6. <u>錄音筆</u>比錄音機方便，因為不必裝<u>錄音帶</u>，而且效果更好。

出汗、流汗 　7. 化妝以後出汗，會把臉上的妝弄髒，所以我不敢走太快，要不然會流汗。

配、配得上 　8. 小李父母不同意他跟王英英交朋友，因為他們一高一矮，一胖一瘦，外表不配得上；再加上小李是博士，王英英只有初中畢業，她怎麼配得上小李呢？

會長、主任 　9. 陳教授非常熱心，他是我們學校中文系的系主任，也是他兒子學校家長會的會長。

上台、下台 　10. 我們州長上台已經三年多了，任期快滿了，因為他很負責，成績很好，所以大家不希望他下台，都支持他再出來競選。

六　下面的句子都是從課文裡選出來的，你看看哪一個意思對？請選出來。

1. 要不是大家幫忙，我一定忙不過來。
　a. 要是大家不幫忙，我一定不過來。
　b. 要是大家沒幫我的忙，我一定做不了那麼多事。
　c. 如果不是大家幫的忙，就一定是我過來幫忙。

2. 總算修理好了。
　a. 我忙了半天，算是修理好了，真不容易啊！
　b. 我忙了半天，總是修理好了。
　c. 我忙了半天，總打算修理好了再休息。

3. 東西就在舞台上那個裝光碟的大紙袋裡。*zhǐ (paper) dài bag*

　　a. 東西就在大紙袋裡。

　　b. 東西就在舞台上。

　　c. 東西就在光碟裡。

4. 別叫我會長，都是你們害的。

　　a. 別叫我會長，我當這個會長，你們都是害我的。

　　b. 別叫我會長，我當這個會長，是你們所有的人都害我。

　　c. 別叫我會長，我當這個會長，要做那麼多事，是你們給我找的麻煩。

5. 你哪裡有時間注意別人？

　　a. 你在什麼地方有時間注意別人？

　　b. 你當然沒有時間注意別人！

　　c. 你有時間到哪裡去注意別人嗎？

　　zào (make)

七　造句

1. 負責：我當醫生的時候，應該負責一些病人。

2. 互相：現在我們是同事，不必給彼此麻煩，我覺得互相尊重就好。 *zūn*

3. 相當：他相當愉快，贏得那麼多錢之後。

4. 中間：我發現我的數位相機在背包跟一碗餛飩中間。

5. 派：我爺爺派我買一面鏡子。

八　這個叫什麼？請寫出號碼。

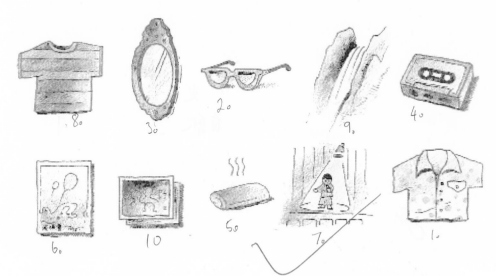

1. 襯衫　　2. 眼鏡　　3. 鏡子　　4. 錄音帶　　5. 春捲
6. 海報　　7. 舞台　　8. 圓領衫　　9. 瀑布　　10. 照片

Lù pù bù waterfall 瀑布

九　請選出合適的詞填在上

機器　燈光　相當　配合　配上　滿頭大汗
海報　服裝　化裝　光碟　錄音帶　忙不過來

　　記得去年萬聖節，我們學校活動中心辦了一個＿服裝＿（化裝）舞會。我哥哥畫＿海報＿，我負責＿燈光＿，我室友幫忙布置場地，做事的人不多，有一點＿忙不過來＿，總算都還能＿化裝＿（配合）＿。我打扮成＿機器＿人，有的同學打扮成很醜的鬼，還有的打扮成星星、月亮、太陽，什麼奇怪的＿錄音帶＿（服裝）都有，而且效果＿配上＿（相當）好。我們一會兒唱歌，一會兒喝酒，一會兒跳舞，氣氛熱鬧極了，大家都跳得＿滿頭大汗＿，人人都說我的

服裝最有特色，所以我照了好多相片，都存在我的光碟[cún]

裡，留做紀念。

十 回答問題

1.如果要你上台表演，你想表演什麼節目？

我要先彈吉他，然後唱一首歌
首歌

2.你看過的表演當中，什麼節目最精彩？請你大概地說一
說。年

去年我看最喜歡的樂團在比利時，我覺得很精彩因為
他們表演很久。所以有好多熱門的歌，其中有一點
舊的歌卻我覺得都是非常配合，讓我很滿意。

得非常好！

3.如果你負責新年晚會的海報，你會在上面寫些什麼？

文化大學萬聖節服裝舞會

活動時間：19/08/10 6:00pm-12am

活動地點：附近科技大樓

很認真！ 8/9

第二課　我們的休閒活動

一　請把生詞跟發音(pronunciation)連起來

1. 得意　dúlì
   獨立　déyì

2. 流行　(lyǔsíng) lǚxíng
   旅行　(lióusíng) liúxíng

3. 複雜　fùzé
   負責　fùzá

4. 鋼琴　(gāngcín) gāngqín　鋼琴(piano)
   乾淨　gānjìng

5. 休閒　(siōusián) xiūxián
   新鮮　(sīnsiān) xīnxiān

6. 居然　(jyūrán) jūrán
   主任　(jhǔrèn) zhǔrèn

二　請先找出錯字,再寫出對的來。

(靜)(擾) 1. 爸爸生病了,需要安淨,別去打優他。

(鋼)(提健) 2. 我妹妹想買剛琴,她跟我題了好幾次了。

(逛)(健) 3. 狂街花錢又花時間,還不如去建行。

(吵)(壁) 4. 電視聲音關小一點,要不然會炒到隔避的。

(麻)(複) 5. 打麼將要四個人一起打,很容易學,一點也
　　　　　　不復雜。

(戶)(鳥) 6. 我們應該常常到尸外走走,聞聞花香,聽聽
　　　　　　島叫什麼的。

(浪)(釣) 7. 海上風良太大的時候,不要去海邊鈞魚。
　　　　　　↳風浪 stormy waves

9

三 這是什麼？請寫出來。

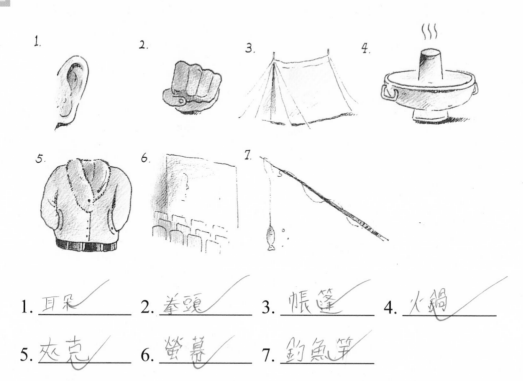

1. 耳朵 ___ 2. 拳頭 ___ 3. 帳篷 ___ 4. 火鍋 ___

5. 夾克 ___ 6. 螢幕 ___ 7. 釣魚竿 ___

四 請選出合適的詞

1. 不好意思打擾（a.麻煩　b.打擾）你吃飯，我等一下再來
   找你。

2. 林太太逛了一下午的街，居然（a.居然　b.既然）一毛錢
   也沒花。

3. 我想靜靜地看一下書，不需要人陪（a.陪　b.派）。

4. 那麼重的箱子，沒想到她一隻手就提到（a.提到　b.提起
   來）了。

5. 小李穿的那件夾克是今年最流行（a.現代　b.流行）的。

6. 我家隔壁（a.隔壁　b.公寓）的小孩常來找我兒子去河邊
   釣魚。

河＝hé
(river)

7. 我室友把錄音機開得很大聲，___吵___（a. 鬧 b. 吵）死了！

8. 王太太只___顧___（a. 管 b. 顧）著招待客人，忘了自己的孩子。

9. 跟女朋友的父母一起吃飯的時候，我覺得很不___自由___（a. 自在 b. 自由）。 自在=不拘謹

10. 這首歌只有小陳會唱，所以他很___得意___（a. 愉快 b. 得意）。

11. 你去這家餐廳，只要付了錢，就讓你___吃到飽___（a. 吃到飽 b. 吃得飽）。

12. 現在很流行上語言課的時候玩___遊戲___（a. 比賽 b. 遊戲）。

語言 = yǔ yán (language)

五 **請選出合適的休閒活動，選過可以再選。**

潛水	游泳	衝浪	玩滑翔翼	高空彈跳
打保齡球	攀岩	騎馬✓	騎腳踏車	
泡夜店(pào, to dawdel)		泡網咖	看電影	露營
釣魚	洗溫泉	散步	打太極拳	跳舞
打麻將	逛夜市	逛街	健行	去KTV唱歌
看電視	喝下午茶			

1. 我們可以去馬場___騎馬___。 Horse racing track.

2. 我們可以去公園___散步___、___騎腳踏車___、___打太極拳___。

3. 我們去海邊可以___潛水___、___衝浪___、___釣魚___、___游泳___、___高空彈跳___。

4. 我們去山上可以___玩滑翔翼、攀岩___、___騎腳踏車___、___露營___、___散步___、___洗溫泉___。

5. 我們在市區可以___打保齡球___、___騎腳踏車___、___泡夜店___、___泡網咖___、___看電影___、___洗溫泉___、___散步___、___打太極拳___、___跳舞___、___打麻將___、___去KTV唱歌___、___喝下午茶___。

11

6. 我們在家裡可以 <u>打麻將</u> 、 <u>看電視</u> 、 <u>喝下午茶</u> 、 <u>泡夜店</u> 。

7. 喜歡過夜生活的人常常 <u>去KTV唱歌</u> <u>泡夜店</u> 、 <u>看電影</u> 、
<u>跳舞</u> 、 <u>逛街</u> 。

8. 喜歡玩電腦遊戲的人常常去 <u>滑翔翼</u> 。

9. 喜歡買便宜東西的人常常去 <u>逛街</u> 。

10. 最省錢的活動是 <u>散步</u> 。

六　下面的句子都是從課文裡選出來的，你看看哪一個意思對？
請選出來。

1. 那還用說？

  a. 還是應該那麼說嗎？

  b. 那是當然，還需要問嗎？

  c. 那個還是要說嗎？

2. 我們的大歌星，居然沒有人欣賞！

  a. 沒想到你這個大歌星會沒有人欣賞！

  b. 當然沒有人欣賞你這個大歌星！

  c. 我們的大歌星都很好，怎麼沒有人欣賞！

3. 反正我的箱子也裝不滿。

  a. 我帶的東西不多，箱子還很空，再裝幾個東西也不會滿。

  b. 我的箱子跟你的相反，再多的東西也裝不滿。

  c. 我正在裝箱子，還沒裝滿。

4. 除夕晚上陪我爺爺奶奶打著玩兒。

  a. 除夕晚上跟我爺爺奶奶一邊打一邊玩兒。

  b. 除夕晚上跟我爺爺奶奶打，很好玩兒。

  c. 除夕晚上跟我爺爺奶奶打，就是為了好玩兒，輸贏沒有
關係。

5. 這下子你可見識到臺北的夜生活了。

  a. 等一下你就可以見識到臺北的夜生活了。

  b. 這時候你就可以見識一下臺北的夜生活了。

  c. 聽你這麼說,你真的見識到臺北的夜生活了。

七 請把左邊的詞、詞組或句型放在右邊句子裡合適的地方。

1. 居然   我釣了一天的魚,一條也沒有釣到。

2. 少+V(O)   你亂講,我堂哥才不會這麼沒禮貌,半夜打電話去打擾別人。

3. 卻   我們全家都要去露營,可是我弟弟要去健行。

4. 不得不   堂哥他們一直敬我酒,我才喝一點兒。

5. 除了…就是   我老媽沒什麼休閒活動:在家看電視,在附近散步。

6. 說著玩兒,   我只是開玩笑,你不要生氣。

7. 不如   反正現在塞車了,走路去還快一點。

8. 這下子   我爸媽都去旅行了,家裡只有我一個人,我可自由了。

八　請找出學過的詞，然後寫出來：有的詞是從上到下，有的是從下到上，有的是從左到右，有的是從右到左。

員	市	夜	互	相	惜	可	愛	節	日
球	場	生	正	反	還	是	敏	過	難
隊	排	活	好	忽	然	百	感	情	道
靜	安	讓	化	妝	新	聞	覺	簽	證
靜	負	主	裝	服	鮮	不	得	不	保
地	責	任	期	舒	果	如	絡	宗	教
滿	頭	大	汗	流	萬	一	連	禮	堂
做	放	開	團	行	旅	見	識	拜	推
實	其	眼	光	健	康	小	知	路	銷
驗	經	界	月	亮	漂	說	不	定	員

→　　　　　　←　　　　　　↓　　　　　　↑

互相　　　　夜市　　　　球隊　　　　球員

非常好！　8/30

第三課　你看不看電視

一　請把生詞跟發音(pronunciation)連起來

1. 方式　(fǎngzih) fáng·zi　　　2. 刺激　(zìhjǐ) zìjǐ
　 房子　(fāngshìh) fāngshì　　　 自己　(cìhjī) cìjī

3. 發音　fāyīn　　　　　　　　4. 想像　(siǎngsiàng) xiǎngxiàng
　 反應　fǎnyìng　　　　　　　 相信　(siāngsìn) xiāngxìn

5. 劇情　(jyǔsíng) jǔxíng　　　6. 否則　fǒuzé
　 舉行　(jyùcíng) jùqíng　　　 負責　fùzé

7. 新聞　(sǐwǎn) xǐwǎn　　　　8. 兒童　ěr·duo
　 洗碗　(sīnwún) xīnwén　　　 耳朵　értóng

二　請先找出錯字，再寫出對的來。

(　　)(　　) 1. 我不愛看聯續劇，因為劇情常常沒有道裡。

(　　)(　　) 2. 這種工作又刺激又有跳戰性。

(　　)(　　) 3. 王大年學的是氣像，他是這方面的權戚。

(　　)(　　) 4. 卞通影片是小孩兒看的，不如宗藝節目有趣。

(　　)(　　) 5. 你一定得把你的意思表答清楚，免得別人弄錯。

(　　)(　　) 6. 這裡有SNG轉插車，是因為名音樂家馬先生今天有一場戶外表演。

三 　請選出合適的詞

1. 醫生捏老丁的腿好幾下，可是他都沒有_____（a. 動作　b. 反應）。

2. 我們家的東西壞了，都是我爸爸自己_____（a. 動手　b. 開始）修理。

3. 李博士在心理學方面的知識相當____（a. 豐富　b. 很多）。

4. 這次考試每一題的_____（a. 回答　b. 答案）都在書上。

5. 這根_____（a. 連線　b. 電線）這麼細，是做什麼用的？

6. 我姐姐的工作是幫電影_____（a. 發音　b. 配音）。

7. 想要知道最新的消息，當然要看_____（a. 新聞　b. 電影）台。

8. 李愛美心裡很愛小林，可是不知道怎麼_____（a. 表演　b. 表達）。

9. 小高拍的新聞_____（a. 影片　b. 電影），有很高的知識性，今年得了獎。

10. 不管什麼比賽，坐在第一排的_____（a. 聽眾　b. 觀眾）一定看得最清楚。

11. 今年政府同意開放五個有線電視_____（a. 頻道　b. 臺），電視界都很關心這件事。

12. 冬天的時候很多人到這兒來滑雪，從那麼高的地方滑下來，多_____（a. 刺激　b. 興奮）啊！

13. 在臺灣，一杯三十五塊的咖啡，價錢非常_____（a. 大眾　b. 觀眾）化，人人都喝得起。

14. 老孫的博士論文跟_____（a. 孩子　b. 兒童）教育有關係，研究什麼樣的書才適合小學生看。

15. 我們現在開車要去的地方，你沒去過，一定要緊緊＿＿＿＿（a. 跟　b. 趕）在我後面，否則你會迷路。

16. 電視公司需要一個給卡通片配音的人，我已經＿＿＿＿（a. 報名　b. 登記）了，不知道我什麼時候會收到他們的通知去面試。

17. 小王說；「只要看著我女朋友，我就快樂得像在天上飛一樣。」我覺得這話真＿＿＿＿（a. 風趣　b. 肉麻）。

四　重組

1. 弄壞的　是你　洗碗機，我負責　的道理　要　哪裡有？

2. 很無聊　你說　都　電視節目，電視新聞　認為
   很值得看　就　我　倒　。

3. 第一次　我妹妹　表演　上台，在台下　全家　一把冷汗
   都　捏　替　她　我們　。

4. 改在　音樂會　下個禮拜天　而　這場　因為　舉行
   颱風　。

5. 否則的話，　字幕　影片　應該　加上　外國，看不懂
   一般人　。

6. 人太多　比賽　有些　現場，不清楚　看，看　在家
   轉播　倒不如　電視　。

7. 最好　氣象報告　以前　出門　聽聽　先，穿錯　免得　衣服　。

8. 弱　太　身體　實在　王英英，就感冒　總是　說感冒　。

五　請選出對的

1. 「電視上唱歌跳舞的節目」是（a. 談話性節目　b. 綜藝節目）。
2. 「寫這篇文章的人」是（a. 作者　b. 記者）。
3. 「每月付費才能看的電視節目」是（a. 無線電視　b. 有線電視）。
4. 「每天同一個時間播出，劇情連續的電視節目」是（a. 連續劇　b. 影集）。
5. 「負責介紹節目的人」是（a. 主播　b. 主持人）。
6. 「電視台的節目都是跟運動有關係的」是（a. 體育台　b. 音樂台）。
7. 「一個國家的公民投票選總統」是（a. 權力　b. 權利）。

六　下面的句子都是從課文裡選出來的，你看看哪一個意思對？請選出來。

1. 我很難想像他們說中文的樣子。

　　a. 他們說中文的時候很難像中國人。

　　b. 像他們說中文的樣子是很難的。

　　c. 我想不出來他們說中文的時候是什麼樣子。

2. 哪裡有讓客人動手的道理？！

　　　a. 客人動手的道理在哪裡？

　　　b. 怎麼可以叫客人動手呢？

　　　c. 讓客人動手，有什麼道理？

3. 有些談情說愛的連續劇就不適合配音。

　　　a. 並不是每個節目都適合配音，像談情說愛的連續劇配起音來多奇怪啊！

　　　b. 只有談情說愛的連續劇不適合配音。

　　　c. 在連續劇裡談情說愛的時候很不適合配音。

4. 能讓我爸爸趕回家看的是談話性節目。

　　　a. 談話性節目讓我爸爸趕快回家。

　　　b. 看談話性節目，讓我爸爸覺得回家太趕了。

　　　c. 我爸爸為了看談話性節目，會早一點回家。

5. 在新聞現場……，新聞記者忙著跟電視台連線。

　　　a. 在新聞現場的電視台記者都很忙，因為要上網。

　　　b. 在新聞現場的記者跟電視台的主播，利用網路一起播新聞。

　　　c. 在新聞現場的記者忙得不得了，因為電視台要跟他們連絡。

七　翻譯

1. My brother is too thin that I really can't imagine what it would be like when he kicks a soccer ball.

2. Bung-Gee jumping is too hardcore;you had better not try lest we worry.

3. This kind of plot is not only disgusting, but also illogical; the response from the audiences was rather bad.（use 相當）

4. This variety show has been using recorded(style)broadcasts because they had to co-ordinate with the MC's time.

5. This dancer is really popular right now, and not only does he dance wonderfully, he can play several kinds of instruments.

八 回答問題

1. 你最愛看哪一類的電視節目？為什麼？

2. 你喜歡看電視上的球賽轉播嗎？你覺得跟在現場看有什麼不同？

第四課　這個電影真好看

一　請把生詞跟發音(pronunciation)連起來

1. 愛情　(āncyuán) ānquán
   安全　(àicíng) àiqíng

2. 難得　nándé
   難道　nándào

3. 何必　hébì
   隔壁　gébì

4. 聚餐　(jyùcān) jùcān
   劇情　(jyùcíng) jùqíng

5. 記性　(jìsìn) jixìn
   寄信　(jìsìng) jìxìng

6. 馬虎　mánglù
   忙碌　mǎhū

7. 主角　(jhùjiào) zhùjiào
   助教　(jhǔjiǎo) zhǔjiǎo

8. 悲劇　(bēizih) bēi·zi
   杯子　(bēijyù) bēijù

9. 可憐　kèrén
   客人　kělián

10. 果然　guòyǐn
    過癮　guǒrán

二　請先找出錯字，再寫出對的來。

(　　)(　　) 1. 這部真探片的劇情相當精彩，難怪那麼賣
坐。

(　　)(　　) 2. 這個女注角雖然不怎麼漂亮，可是演枝卻非
常好。

(　　)(　　) 3. 小王的糟遇讓大家都忍不住要同請他。

21

(　) (　) 4. 這部電視連續劇的主提曲得了最住音樂獎。

(　) (　) 5. 這部電影很恐布，是跟制級的，不適合小孩兒看。

(　) (　) 6. 既然小林什麼事都舞所謂，你何心這麼認真呢？

(　) (　) 7. 這幾句對白如果不打字慕，誰燒得是什麼意思。

(　) (　) 8. 今天在我們家眾餐，吃的都是家長菜，真不好意思。

(　) (　) 9. 我的記姓真不好，總是忘了銷門。

(　) (　) 10. 這部電影的結局很可鄰，大家都感動得掉了不少眼唉。

三　連連看

1. 參加影展的影片這麼多，　　　　　a. 只要劇情合理就行了。

2. 你問我平常都看哪一類的電影？　　b. 何必看恐怖片，怕得睡不著呢？

3. 我看電影，悲劇喜劇都無所謂，　　c. 我才看了幾分鐘就看不下去了。

4. 看文藝愛情片愉快多了，　　　　　d. 他新拍的這部電影果然又很賣座。

5. 這部科幻片拍得真糟糕，　　　　　e. 難得老李拍的這部電影還能得獎。

6. 張導演非常了解觀眾喜歡什麼，　　f. 總是給觀眾帶來很多快樂。

7. 王導演拍的喜劇片，　　　　　　　g. 可惜短了一點，不過癮。

8. 這部動作片真好看，　　　　　　　h. 還不就是文藝片跟偵探片。

四　請選出合適的詞

1. 年輕人覺得_____（a. 同情　b. 愛情）比麵包更重要。

2. 這部奇幻片不賣座，是因為_____（a. 劇情　b. 遭遇）不合理。

3. 我們二十幾年沒見了，_____（a. 難怪　b. 難得）你還記得我。

4. 這隻狗生下來就看不見也聽不見，真_____（a. 可惜　b. 可憐）。

5. 他不相信他會得獎，拿到獎以後的感覺還是很不_____（a. 真實　b. 寫實）。

6. _____（a. 馬虎　b. 糟糕），我的支票掉了，沒錢付房租了。

7. 老高對什麼事都_____（a. 無所謂　b. 無聊），那種態度真讓人生氣。

8. 這本小說我只看了一半，就猜到_____（a. 結局　b. 結束）是什麼了。

9. 氣象報告說今天會下雨，下午_____（a. 果然　b. 居然）下雨了。

10. 小錢做事非常_____（a. 用功　b. 認真），一點也不馬虎，難怪老闆這麼欣賞他。

11. 你這張照片是_____（a. 出版　b. 原版）的，很值錢，因為攝影師很有名。

五 下面的句子都是從課文裡選出來的，你看看哪一個意思對？請選出來。

1. 喜歡是喜歡，可是結局慘了一點。

    a. 我喜歡，可是我覺得結局慘了一點。

    b. 喜歡就是喜歡，可是我覺得結局慘了一點。

    c. 喜歡還是喜歡，可是我覺得結局慘了一點。

2. 難得有機會看國語電影。

    a. 看國語電影的機會很難。

    b. 很少有機會看國語電影。

    c. 看國語電影很難。

3. 你看我的記性！

    a. 你來看我的記性！

    b. 你看見我的記性！

    c. 我的記性真糟糕！

4. 你就是愛哭！

    a. 你真是愛哭！

    b. 就是你愛哭！

    c. 你只是愛哭！

5. 他的演技果然沒話說。

    a. 他的演技當然沒說話。

    b. 他的演技真的是很好。

    c. 他的演技居然沒有話可以說。

六 請寫出相反詞

1. 居然   2. 喜劇   3. 認真

4. 安靜   5. 大人   6. 問題

7. 贏　　　　8. 不幸　　　　9. 義務

七　請選出對的

1.「教演員表演的人」是＿＿＿＿（a. 攝影師　b. 導演）。

2.「電影的名字」是＿＿＿＿（a. 片名　b. 題目）。

3.「電影裡的人說的話」是＿＿＿＿（a. 字幕　b. 對白）。

4.「平常家裡吃的菜」是＿＿＿＿（a. 家常菜　b. 小吃）。

5.「在功課方面或心理方面給孩子幫助」是＿＿＿＿（a. 領導　b. 輔導）孩子。

6.「帶在身上，可以存很多資料的小東西」是＿＿＿＿（a. 隨身碟　b. 隨身聽）。

7.「沒有得到同意，就複製(fùzhì, to copy)別人的音樂、書什麼的拿去賣錢」是＿＿＿＿（a. 版　b. 盜版）。

八　翻譯

1. If an actor only acts one kind of role, his future development can meet with limitations.

2. The plot of this animation, which was made by Little Li, is scary. It's not suitable for children to watch.

3. This action movie has sold really badly at the box office; in every showing, there are not so much as twenty people in the audience.

4. My roommate got a big prize the first time he participated in a photography contest.

5. Little Chen's acting is so bad; how can he film a motion picture realistically depicting society?

九 請看下面兩張相片，再回答問題。

■ 攝自臺北市湳山大戲院（范慧貞提供）

1. 你可以來這裡做什麼？

2. 這家電影院一共分幾個廳？

3. 如果你想看「小紅帽」，你應該去哪個廳看？

4. 右邊這張相片告訴你什麼？

5. 「小紅帽」一天演幾場？

6. 吃完午飯，你可以看幾點的「小紅帽」？

7. 週末跟假日，一張票多少錢？

十 **回答問題**

你最欣賞哪個電影明星？為什麼？他演過的電影，你最喜歡哪一部？請你把劇情大概地說一說。

第五課　我愛看表演

一　請把生詞跟發音(pronunciation)連起來

1. 正式　　(jhēnshíh) zhēnshí
   真實　　(jhèngshìh) zhèngshì

2. 例子　　(lìzih) lì·zi
   李子　　(lǐzih) lǐ·zi

3. 戲劇　　(sǐjyù) xǐjù
   喜劇　　(sìjyù) xìjù

4. 藝術　　(yìsih) yì·si
   意思　　yìshù

5. 傳播　　chuánbò
   轉播　　zhuǎnbò

6. 由於　　yóuyǒng
   游泳　　yóuyú

7. 曾經　　(cóngcián) cóngqián
   從前　　céngjīng

8. 規矩　　(gēnjyù) gēnjù
   根據　　(guēijyǔ) guījǔ

9. 嘗試　　(chángshìh) chángshì
   總是　　(zǒngshìh) zǒngshì

10. 傳統　　zǒngtǒng
    總統　　chuántǒng

二　請先找出錯字，再寫出對的來。

( )( ) 1. 我真後海沒有接授他的意見。

( )( ) 2. 國內各大傳播煤體都在熱列討論這個舞團的表現。

( )( ) 3. 陳助教想嚐試遍一本適合一般人看的休閒雜誌。

29

（　）（　）4. 屋手的時候應該看著對方，難道你不懂這個規距嗎？

（　）（　）5. 既然你要去看舌典芭蕾舞表演，就換件正戎一點的衣服吧。

（　）（　）6. 根劇學校辦公室的資料，小林會經在日本留過學。

（　）（　）7. 老丁寫的劇本，題才很特別，導演很快就彩用了。

（　）（　）8. 油於對新聞工作有興趣的人越來越多，所以大眾專播系很熱門。

（　）（　）9. 錢校長太忙，我第三躺去，才貝到他的面。

（　）（　）10. 報上對那場音樂會的平論是水准太差。

三　請選出合適的詞

1. 今天的棒球賽，投手的＿＿＿＿（a. 表現　b. 表演）最好，對方的球員很少有上一壘的機會。

2. 你別＿＿＿＿（a. 生氣　b. 氣人）了！你知道我不懂戲劇，還找我編劇本。

3. 這個電影明星＿＿＿＿（a. 已經　b. 曾經）演過一百多部電影，可是現在沒有導演找他拍戲了。

4. 李導演每一趟來，都受到影迷＿＿＿＿（a. 激烈　b. 熱烈）的歡迎。

5. 小王愛照相，他認為花是最好的攝影＿＿＿＿（a. 題材　b. 題目）。

6. 我家離國家劇院很遠，每次去看表演，都得換兩＿＿＿＿（a. 趟　b. 場）車。

7. 在歐美國家，吃完了飯，給服務生小費是_____（a. 規定 b. 規矩）。

8. 張教授這種新式的教法，學生還沒辦法_____（a. 接受 b. 收到）。

9. 我堂妹白白的，瘦瘦的，長得很秀氣，有_____（a. 古代 b. 古典）美。

10. 這個歌劇一連演了兩年，一直都很賣座，非常_____（a. 轟動 b. 熱烈）。

11. 老王說的笑話都有很_____（a. 深 b. 豐富）的意思，值得寫成書出版。

12. 小張來面試的時候，表現不錯，給我留下很好的_____（a. 偶像 b. 印象）。

13. 我想了解藝術界對我們舞團的評論，可是上網的人太多，一直沒辦法_____（a. 連線 b. 上線）。

四　重組

1. 我　出了　又　好多　汗，白洗了　剛剛　都　洗的澡　。

2. 表達　來　用　感情　方式　這個畫家　喜歡　抽象的　。

3. 啊　多　有禮貌　你堂哥！　見面　我們　跟，規規矩矩地　都　站著　。

4. 二十年前　曾經　這首　國語歌曲　流行過，現在的　都　可惜　年輕人　不知道了　。

5. 這個舞台劇的　由於　比較　傳統　方式　表演，所以　大部分　觀眾　是　年紀大的人　。

6. 哪　有水準　抽象畫　這個畫家的　好！喔　一定　你　藝術中心　欣賞　要去　！

7. 各方面的　都很好　表現　這個舞台劇，來說　就　演員　拿，　得了　獎　都　男女主角　。

8. 這個偶像歌手的　還沒　趁　新光碟　出版，簽唱會　趕快辦，忙起來　就　他　辦不成了　否則　。

五　請選出對的

1. 「演員根據這個來說對白跟表演的」是＿＿＿＿（a. 課本　b. 劇本）。

2. 「在舞台上表演的戲劇」是＿＿＿＿（a. 舞台劇　b. 連續劇）。

3. 「正式對一件事發表看法或意見」是＿＿＿＿（a. 評價　b. 評論）。

4. 「在台上正式表演，唱很多歌給觀眾聽」是＿＿＿＿（a. 音樂會　b. 演唱會）。

5. 「從幾個辦法裡選一個出來用」是＿＿＿＿（a. 採用　b. 錄取）。

六　下面的句子都是從課文裡選出來的，你看看哪一個意思對？
　　請選出來。

1. 他正打算走呢！

　　a. 他正在打算走！

　　b. 他正要走呢！

　　c. 他正好打算走！

2. 別人會笑話我不懂規矩。

　　a. 我不懂規矩，別人會笑我。

　　b. 我不懂規矩，別人會說笑話。

　　c. 我不懂規矩，別人會開玩笑。

3. 別讓我白跑一趟。

　　a. 別叫我白天跑一次。

　　b. 不讓我穿白的衣服跑一回。

　　c. 別害我跑去了，卻什麼都沒有。

4. 錯過這次機會，就得自己去紐約看了。

　　a. 如果讓這個機會過去了，就得自己去紐約看了。

　　b. 這次機會過了就錯了，就得自己去紐約看了。

　　c. 這次機會已經錯了，就得自己去紐約看了。

5. 輪到我們的時候，票正好賣完。

　　a. 我們輪流買票的時候，票就賣完了。

　　b. 我們買票的時候，票就賣完了。

　　c. 我們買票的時候，好票賣完了。

七 翻譯

1. In order to run this vocal concert properly, Wang Yingying referred to videotapes of many famous vocalists.

2. This word's meaning is too abstract. Can you give another example to explain it?

3. Everybody is dressed so formally, I really regret that I came wearing jeans.

4. The French Ballet(Troupe)will only perform at the National Theatre one time. You absolutely can't miss it!

5. Old Chang has no knowledge of art at all, we all think he is a man of no taste.（use 研究 & 水準）

第六課　小心壞習慣

一　請把生詞跟發音（pronunciation）連起來

1. 可怕　　kǒngpà
　　恐怕　　kěpà

2. 派對　　pàiduì
　　排隊　　páiduì

3. 啤酒　　(píjiǒu) píjiǔ
　　比較　　bǐjiào

4. 活該　　huógāi
　　火鍋　　huǒguō

5. 吸食　　(siànshíh) xiànshí
　　現實　　(sīshíh) xīshí

6. 傷害　　shànghǎi
　　上海　　shānghài

7. 影響　　(yīnsiǎng) yīnxiǎng
　　音響　　(yǐngsiǎng) yǐngxiǎng

8. 犯罪　　(fǎnjhèng) fǎnzhèng
　　反正　　(fànzuèi) fànzuì

9. 解決　　(jiějyué) jiějué
　　結局　　(jiéjyú) jiéjú

10. 暈機　　(yùncì) yùn·qì
　　運氣　　yūnjī

二　請先找出錯字，再寫出對的來。

（　）（　）1. 我抽於，抽得太多，所以候嚨總是很乾。

（　）（　）2. 老林跟人打賭喝一俑啤酒也不會碎。

（　）（　）3. 你盜版別人的光碟，應該負法津責任，你逃壁不了的。

（　）（　）4. 王太太一直抱怒她先生不願意式賭。

（　）（　　）5. 老李因為販毒，被警察瓜去了。

（　）（　　）6. 你感冒括該，誰叫你穿這麼短的裙子。

（　）（　　）7. 抽大麻會上隱，太危臉了。

（　）（　　）8. 不要偪我導守不合理的規定。

（　）（　　）9. 這種藥可以嶄時減輕不舒服的感覺。

（　）（　　）10. 輕少年特別需要家廷的溫暖。

三　這是什麼？請寫出來。

1. _____　2. _____　3. _____　4. _____

5. _____　6. _____　7. _____　8. _____

9. _____　10. _____

四　請寫出相反詞

1. 以下　　　　　2. 理想　　　　　3. 吸

4. 古典　　　　　5. 香　　　　　　6. 安全

五　請選出合適的詞

1. 如果這本書在一百塊錢＿＿＿＿（a. 上面　b. 以上），我就
   不買了。

2. 搖頭丸這種毒品非常＿＿＿＿（a. 害怕　b. 可怕），你可不
   要去嘗試。

3. 要是你常常吸食安非他命，一定會＿＿＿＿（a. 過癮　b. 上
   癮）。

4. 老趙幫我解決了這個問題，我非常＿＿＿＿（a. 感謝　b. 感
   動）他。

5. 你去露營的時候，山上的東西不能亂吃，小心＿＿＿＿（a.
   中毒　b. 吸毒）。

6. 你＿＿＿＿（a. 應該　b. 活該），吃這麼多糖，牙齒當然會痛。

7. 女朋友不在，跟別的女孩出去玩，讓我有＿＿＿＿（a. 犯法
   b. 犯罪）的感覺。

8. 這兩隊實力差不多，不打到＿＿＿＿（a. 最後　b. 後來），
   不知道誰輸誰贏。

9. 不工作就沒有飯吃，這是很＿＿＿＿（a. 真實　b. 現實）的
   問題。

10. 很多吸毒的人都是因為＿＿＿＿（a. 家　b. 家庭）有問題。

11. 有的感冒＿＿＿＿（a. 病毒　b. 毒癮）越來越屬害，吃藥也
    醫不好。

12. 我的＿＿＿＿＿＿（a. 香菸　b. 菸癮）沒有你大，一天不抽沒什麼關係。

13. 老孫的賭癮又＿＿＿＿＿＿（a. 犯　b. 戒）了，到處打電話找人去打牌。

14. 人人都＿＿＿＿＿＿（a. 需要　b. 必須）遵守法律的規定，誰也沒有特權。

15. 雖然女主角不高興，還是得＿＿＿＿＿＿（a. 遵守　b. 按照）導演的意思，把群子改短一點。

六　請把左邊的詞、詞組或句型放在右邊句子裡合適的地方

1. 一根接著一根　　　　他寫文章的時候喜歡抽菸，而且總是不停地抽。

2. 在……下　　　　　　傳統教育的影響，我爸爸特別重視我的成績。

3. 穿穿看，　　　　　　我們身材差不多，這條裙子你也許能穿。

4. 受到廣告的影響，　　這種點心的廣告天天在電視上播出，小孩都很愛吃。

5. 按照老闆的規定，　　這個話不是我說的。來晚了一定要扣錢。

6. 以上　　　　　　　一百一十公分的兒童坐公車都要買
　　　　　　　　　　票。

7. 為了……而　　　　他讓孩子有更理想的學習環境搬家
　　　　　　　　　　了。

七　下面的句子都是從課文裡選出來的，你看看哪一個意思對？
請選出來。

1. 差一點吐在欣欣的裙子上。
　　a. 差不差一點吐在欣欣的裙子上。
　　b. 要不是欣欣站開了，我就吐在她的裙子上了。
　　c. 有一點吐在欣欣的裙子上。

2. 喝著喝著頭就開始暈了。
　　a. 一邊喝一邊開始頭暈。
　　b. 開始喝酒的時候，頭就暈了。
　　c. 我一直喝酒，一直喝酒，沒注意頭就開始暈了。

3. 我想有的人可能是受了壞朋友的影響。
　　a. 我想有的壞朋友也許是受了別人的影響。
　　b. 我想有的人大概是被壞朋友影響了。
　　c. 我想壞朋友也許影響了有的人。

4. 規定是規定，可是總有人不遵守啊！
　　a. 這雖然是規定，可是一定有人不遵守啊！
　　b. 規定還是規定，可是一定有人不遵守啊！
　　c. 規定真是規定，可是一定有人不遵守啊！

5. 我還不錯，建國可不好。

    a. 我還不錯，建國可能不好。

    b. 我還不錯，建國可以不好。

    c. 我還不錯，建國就真的不好了。

八　回答問題

你覺得哪一種壞習慣對青少年的影響最大？為什麼？

第七課 感情的事

一 請把生詞跟發音(pronunciation)連起來

1. 誤會　(wǔhuèi) wǔhuì
   舞會　(wùhuèi) wùhuì

2. 分手　fēnshǒu
   分數　fēnshù

3. 解釋　jiéshù
   結束　(jiěshìh) jiěshì

4. 原諒　yuánlái
   原來　yuánliàng

5. 老是　(lǎoshìh) lǎoshì
   老師　(lǎoshīh) lǎoshī

6. 打傘　dǎsǎn
   打算　dǎsuàn

7. 保險　(biǎosiàn) biǎoxiàn
   表現　(bǎosiǎn) bǎoxiǎn

8. 心情　(sīncíng) xīnqíng
   情形　(cíng·sing) qíng·xíng

9. 發生　fāshēng
   發現　(fāsiàn) fāxiàn

10. 失望　(sǐhuān) xǐhuān
    喜歡　shīwàng

二 請找出錯字，再寫出對的來。

(　)(　) 1. 小高老是喜歡編人，我怎麼歡他，他都不改。

(　)(　) 2. 看你滿頭大汗，我去拿一條毛市給你察一下。

(　)(　) 3. 我不會那麼不負責任，要求女朋友去墬胎。

(　)(　) 4. 我妹妹失戀了，我安蔚了半天，她還是很陽心。

41

(　)(　) 5. 壞孕的時候，母親如果得了傳染病，會影響
　　　　　抬兒。

(　)(　) 6. 王太太非常疼苦，因為她女兒做了末婚媽
　　　　　媽。

(　)(　) 7. 真可惡！老趙誤會我，卻連解譯的機會都不
　　　　　給我！

(　)(　) 8. 我表哥現在不想談變愛，既使有人給他介紹
　　　　　女朋友，他也不要。

(　)(　) 9. 自剎是最笨的，興其這樣，不如想辦法解決
　　　　　問題。

(　)(　)10. 你的方式太保手了，這樣宜傳的效果一定不
　　　　　會太好。

三　請選出合適的詞

1. 小王昨天跟女朋友_____（a. 失戀　b. 分手）了，痛苦得一
　夜沒睡。

2. 我_____（a. 求　b. 要求）小偷不要把我的錢全偷光了。

3. 我叫他不要把臭襪子亂丟，他_____（a. 老是　b. 每次）不
　聽，氣死我了。

4. 兩個個性不合的人生活在一起非常_____（a. 痛苦　b. 失
　望）。

5. 一到周末，我的_____（a. 心理　b. 心情）就特別輕鬆。

6. 毒品的問題越來越嚴重，所以到處可以看到_____（a. 廣
　告　b. 宣傳）戒毒的海報。

7. 這把牙刷的毛太_____（a. 軟　b. 鬆），用兩天就壞了。

8. 今天的棒球賽，我們有百分之百的_____（a. 相信　b. 信
　心）會贏。

9. 我＿＿＿＿＿（a. 安慰　b. 勸）你去跟老張把誤會解釋清楚，比你在這兒生氣好得多。

10. 小林偷父母的錢去賭，這種人真＿＿＿＿＿（a. 可惡　b. 糊里糊塗）！

11. 有些人沒辦法自己生孩子，只好＿＿＿＿＿（a. 收養　b. 養）別人的孩子。

12. 花啊，草啊，樹啊，都是有＿＿＿＿＿（a. 生命　b. 生活）的，也應該好好地照顧。

13. 因為＿＿＿＿＿（a. 養　b. 帶）一個孩子要花很多錢，所以很多年輕人不敢生孩子。

四　連連看

1. 熱門音樂演唱會吵死了，　　　　a. 我再也不敢去了。

2. 熱門音樂演唱會吵是吵，　　　　b. 誰知道沒排多久，就買到票了。

3. 聽熱門音樂演唱會可以看到很多紅歌星，　　c. 我也不會去聽熱門音樂演唱會。

4. 我這次去聽熱門音樂演唱會差一點被擠死，　　d. 可是話說回來，這也是一種表達感情的方式

5. 我以為熱門音樂演唱會的票很難買，　　e. 我真不明白有什麼好聽的。

6. 我怕吵，即使你開車來接我，　　f. 不如去聽熱門音樂演唱會，有意思多了。

7. 古典巴蕾太難懂，與其看那個，　　g. 我才去聽他們的熱門音樂演唱會的。

8. 就是因為你給我介紹這個樂團，　　h. 再說，門票也不貴，你就跟我們一起去吧！

五 請選出對的

1. 「很會說話」是＿＿＿＿（a.有口音　b.有口才）。

2. 「跟男/女朋友分手了」是＿＿＿＿（a.失戀　b.失望）。

3. 「用自己的手做」是＿＿＿＿（a.拿手　b.親手）。

4. 「男人有很多女朋友」是＿＿＿＿（a.花　b.帥）。

5. 「容易同情別人」是＿＿＿＿（a.變心　b.心軟）。

6. 「放在電腦裡面，幫人做事的東西」是＿＿＿＿（a.軟體　b.病毒）。

7. 「同時交兩個女朋友」是＿＿＿＿（a.百聞不如一見　b.腳踏兩條船）。

六 下面的句子都是從課文裡選出來的，你看看哪一個意思對？請選出來。

1. 誰知道雨會越下越大呢？

　　a. 哪一個人知道雨會越下越大？

　　b. 沒有人知道雨會越下越大嗎？

　　c. 我哪裡想得到雨會越下越大？

2. 朋友嘛！應該的。

　　a. 我們應該是朋友嘛。

　　b. 我們是朋友，我應該這麼做。

　　c. 應該是朋友做的嘛。

3. 有什麼好問的？

　　a. 有什麼好問題可以問？

　　b. 問什麼好呢？

　　c. 已經知道了，何必再問？

4. 我一直勸她想開一點。

  a. 我一直勸她要改變想法，應該從別的方面來看這個問題。

  b. 我一直勸她開始想一點。

  c. 我一直勸她離開一點。

5. 我就是太了解他了，才這麼沒信心。

  a. 我就是了解他，也沒有信心。

  b. 只有我了解他，所以我沒有信心。

  c. 就是因為我這麼了解他，所以我沒有信心。

七 **請先選合適的詞填在上，再把這些句子排成一篇短的文章。**

即使 分手 痛苦 談戀愛

想得開 感情 結婚

1. 所以，大概只有的_____人，才能好好地享受愛情。

2. 可是沒有人敢保證將來一定會_____，萬一_____了，失戀的_____沒有幾個人受得了。

3. 每個人都想_____，因為愛情會讓一個人快樂。

4. 唉！_____的事實在很難說。

5. _____真結婚了，誰知道以後會怎麼樣。

這些句子應該這麼排：_____ _____ _____ _____

         _____

八 請你先看下面的漫畫，再說說你的看法。

你要離開我，我就自殺！　　　　別弄髒了我的房間！

第八課　女人的地位不同了

一 請把生詞跟發音(pronunciation)連起來

1. 升級　　(shēngcì) shēngqì
   生氣　　shēngjí

2. 打掃　　dǎsǎn
   打傘　　dǎsǎo

3. 香片　　(siàngpiàn) xiàngpiàn
   像片　　(siāngpiàn) xiāngpiàn

4. 花生　　huāshēng
   發生　　fāshēng

5. 負擔　　fùdān
   不但　　búdàn

6. 歧視　　(císhíh) qíshí
   其實　　(císhìh) qíshì

7. 繼續　　(jíshǐh) jíshǐ
   即使　　(jìsyù) jìxù

8. 烏龍　　wúlùn
   無論　　wūlóng

9. 能幹　　nán'guò
   難過　　nénggàn

10. 簡單　　jiǎndān
    雞蛋　　jīdàn

二 請找出錯字，再寫出對的來。

(　　)(　　)1. 現在外過的問題比以前嚴重，所以離婚卒高了很多。

(　　)(　　)2. 老李發生昏外情，他太太在朋友面前覺得很沒囬子。

(　　)(　　)3. 小趙覺得老闆技視他，老是不讓他生級。

(　　)(　　)4. 點心都吃完了，你們繼績談，我再去拿點爪子來。

（　）（　）5. 看到我爸爸這麼重男經女，我姐姐說她真很
　　　　　　不得自己是個男孩兒。

（　）（　）6. 張主任這麼能幹，新水應該高一點。

（　）（　）7. 孫先生不但不會做飯，基至於連炮茶都不
　　　　　　會。

（　）（　）8. 老年人的煩腦，的權不是年輕人能了解的。

（　）（　）9. 別以為害草很容易，你試試看就知道不間單
　　　　　　了。

（　）（　）10. 我喜歡跟朋友坐在地毬上柳天。

（　）（　）11. 我是家庭主掃，我先生的衣服，都是我洗，我
　　　　　　湯的。

三　請選出合適的詞

1. 老張很怕太太，在家裡一點_____（a. 職位　b. 地位）都沒有。

2. 你布置場地以前應該先_____（a. 掃地　b. 打掃）乾淨。

3. 大家都說李小姐是個女強人，她_____（a. 的確　b. 真正）很能幹。

4. 這個工作挑戰性太大，讓我心裡有很大的_____（a. 負擔　b. 責任）。

5. 有健康的身體才有成功的_____（a. 職業　b. 事業）。

6. 你的想法太_____（a. 容易　b. 簡單）了，事情沒有你想得那麼好辦。

7. 別人都怕胖，小林的_____（a. 煩惱　b. 麻煩）卻是不論怎麼吃都還是那麼瘦。

8. 老闆給我表哥加薪是因為他工作特別_____（a.努力　b.用功）。

9. 既然你跟室友_____（a.不合適　b.合不來）就搬家算了。

10. 張太太很愛_____（a.臉　b.面子），先生有了外遇，也不敢讓人知道。

11. 超級市場的職員跟大學教授，在社會上的地位不可能_____（a.平等　b.公平），但是他們享受的公民權利應該是一樣的。

12. 老趙的家庭_____（a.主義　b.觀念）很重，他覺得賺錢養家是他活著最大的責任。

13. 我來這家公司五年了，不管我多努力，我的同事還是很_____（a.歧視　b.恨）我這個外國人。

14. 社會上吸毒、販毒的情形越來越嚴重，政府決定從這個月起開始_____（a.掃毒　b.掃地），警察到處去抓販賣毒品的人。

15. 我認為欣賞一個明星，看看他的電影就行了，何必當_____（a.單身貴族　b.追星族）？跟來跟去，多累啊！

16. 並不是人人都得結婚，你現在單身有什麼問題？！要是你不相信我的話，還擔心找不到男朋友，你就_____（a.接著　b.繼續）煩惱吧。

四　請選出合適的詞填上

合不來、恨不得

1. 我室友有很多壞習慣，我跟他_____。要是能找到房租便宜的公寓，我_____現在就搬家。

職位、地位　　　　2. 一個人在社會上＿＿＿＿＿＿的高低跟他的＿＿＿＿＿＿一定有關係，老師就是不如校長。

提早、提高　　　　3. 為了＿＿＿＿＿＿我們舞團的水準，團長要求大家＿＿＿＿＿＿一個小時練習。

夜貓族、上班族　　4. 我以前念大學的時候是個＿＿＿＿＿＿，常常半夜還在外面玩。現在當了＿＿＿＿＿＿，晚上反而不敢太晚睡了。

丟人、丟臉　　　　5. 我堂哥愛賭，把爺爺幾棟房子都輸光了，他在外面做了這麼＿＿＿＿＿＿的事，我們全家都覺得很＿＿＿＿＿＿。

打架、吵架　　　　6. 我覺得先生太太因為意見不合而＿＿＿＿＿＿，是很平常的事，但是如果有人動手，開始＿＿＿＿＿＿，那就很糟糕了。

靠、可靠　　　　　7. 大家都覺得我們公司的地毯非常好，很＿＿＿＿＿＿，是我們賣的最好的產品，我們公司就＿＿＿＿＿＿這個產品賺了大錢。

比率、成功率　　　8. 得這種病的＿＿＿＿＿＿很低，一百萬人當中才有一個。如果開刀，＿＿＿＿＿＿倒是很高。

強、能幹　　　　　9. 朋友們都說小錢有外遇，是因為他太太個性太＿＿＿＿＿＿，做事又＿＿＿＿＿＿，常讓小錢覺得自己不如太太。

重男輕女、大男人主義 10. 中國傳統社會＿＿＿＿：我祖母認
為我父親不應該幫我母親做家事，
我爸爸是＿＿＿＿，也覺得這沒什
麼不對。

整、整天 11. 我祖母今年八十歲＿＿＿＿了，身
體很不好，＿＿＿＿不是吃藥，就
是看醫生。

女強人、職業婦女 12. 我在公司的職位不高，只是一般的
＿＿＿＿，可是我的老闆李愛美每
天管這麼多人跟事，才是真正的＿
＿＿＿。

的確、真正的 13. 我今天才知道李愛美是歐洲一個小
國的公主，是＿＿＿＿貴族；我再
想想她平常說話、做事的樣子，＿
＿＿＿跟一般人不同。

沒面子、丟臉 14. 我想跟男朋友分手，因為他要求我
跟他出去的時候，一定要打扮得很
漂亮，要不然他會＿＿＿＿。如果
他跟朋友談的事情，我聽不懂，他
就覺得我沒水準，很＿＿＿＿。

五 **請把左邊的詞、詞組或句型放在右邊合適的地方。**

1. 用不慣， 這把刀子太輕，我想換一把重一點的。

2. 的確 小高一個人要負擔全家的生活，不簡單！

3. 恨不得　　　錢太太知道先生有了外遇，就把那個女人殺了。

4. 不但…反而　　我幫隔壁的小陳割草，他不謝謝我，還怪我割得不乾淨。

5. 唱不來，　　　我不會說臺灣話，臺灣民謠我沒辦法唱。

6. 上　　　　　我覺得感情的問題非常複雜，很難解決。

7. 再　　　　　丁先生丁太太決定離婚以後，就不吵架了。

8. 甚至於　　　馬助教的薪水太低，連租房子都不夠。

六　下面的句子都是從課文裡選出來的，你看看哪一個意思對？請選出來。

1. 人多熱鬧。
　　a. 人多一點比較熱鬧。
　　b. 人在一起，多熱鬧啊！
　　c. 人有多熱鬧？

2. 從前哪兒有什麼單身貴族啊？
　　a. 從前在什麼地方有單身貴族啊？
　　b. 從前的單身貴族住在什麼地方啊？
　　c. 從前沒有什麼單身貴族！

3. 喝一樣的，免得麻煩。
　　a. 喝一樣的，比較省事。

　　b. 我免得麻煩，所以喝一樣的。

　　c. 喝一樣的，麻煩就可以免得了。

4. 老坐著看書也不行啊！

　　a. 坐著看書看到老也不行啊！

　　b. 總是坐著看書是不行的！

　　c. 老人坐著看書不行啊！

5. 反正我也喝不出來什麼是什麼。

　　a. 反正我喝了什麼也出不來。

　　b. 反正我都不出來喝什麼。

　　c. 反正我喝了也不知道喝的是什麼。

七　回答問題

1. 你覺得現在婦女的地位怎麼樣？需要再提高嗎？為什麼？
如果要提高，應該怎麼做呢？

2. 你對離婚的看法怎麼樣？

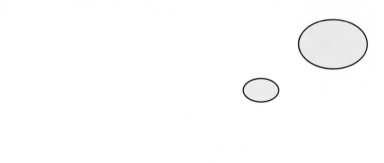

八 填字遊戲(cross-word puzzle)

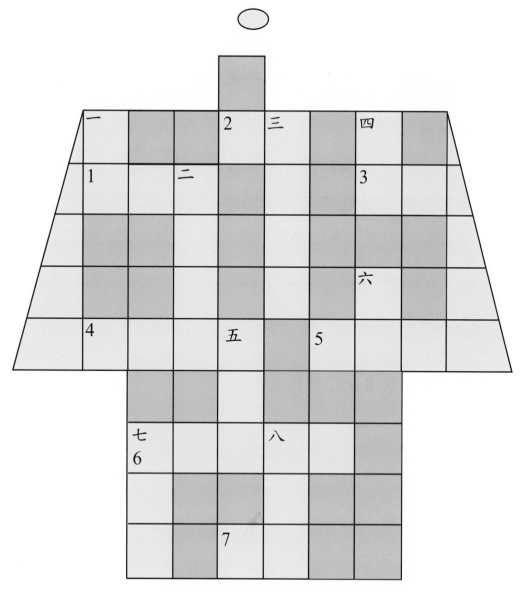

直：

一、影片裡的對白不用原來
　　的聲音，是後來用錄音
　　的方式加上去的。

二、結婚以後不在外面上班
　　的女人。

三、還沒結婚，工作、生活
　　都不錯的人。

四、非常難過。

五、很能幹，事業、家庭各
　　方面都能照顧得很好的
　　女人。

六、還沒有先生或太太。

七、一種抽的毒品。

八、晚會裡介紹節目的人。

橫：

1. 對寫歌、作曲有研究的人。

2. 不複雜。

3. mood, state of mind

4. 有工作的女人。

5. 多少對結婚的人當中有多少
　　對分手了。

6. 這種想法認為女人比較差，
　　有些事是女人不應該問、不
　　應該管的。當然家事是女人
　　做的。

7. 看到、聽到以後，覺得很欣
　　賞，很喜歡，頭都暈了，像
　　喝醉酒一樣。

第九課　我看經濟發展

一　請寫出發音來

1. 升值
   甚至

2. 罷工
   白宮

3. 原因
   願意

4. 大嫂
   打掃

5. 失業
   十月

6. 誇獎
   誇張

7. 烤箱
   考上

8. 工廠
   共產

9. 貿易
   毛衣

10. 品質
    瓶子

二　請找出錯字，再寫出對的來。

(　)(　) 1. 我做生意的貲本不夠，想跟銀行貨款。

(　)(　) 2. 這兩年世界經濟不景汽，對產品的外鎖有很
　　　　　 大的影響。

(　)(　) 3. 為了發展留易，我們政府訂了很多新政策。

(　)(　) 4. 這麼多大金業都在找人，你怎麼會找不到滴
　　　　　 當的工作呢？

(　)(　) 5. 網球拍的價錢比去年脹了很多。

(　)(　) 6. 王叔叔是我的長輩；他的工廠制造電子產品。

(　)(　) 7. 我們的東西品資好，客尸都很放心。

(　)(　) 8. 你才去日本玩幾天，換那麼多日弊幹嘛？

(　)(　) 9. 那個小工廠的產量占世界第一，真是奇績！

(　)(　) 10. 我爸從來不跨獎我，徐非我真的做得很好。

(　)(　) 11. 歐洲很多大公司都已經金球化了，所以歐元
越來越強。

三　請選出合適的詞

1. 我們公司拍的廣告都很合_____（a. 客人　b. 客戶）的需要。

2. 我大嫂她們工廠_____（a. 生產　b. 出產）的玩具都很安
全。

3. 你想知道產品品質好不好，可以先看_____（a. 樣品　b. 樣
子）。

4. 這幾年經濟不景氣最大的_____（a. 原因　b. 道理）是什麼？

5. _____（a. 除了　b. 除非）給我們加薪，要不然我們要罷工。

6. 台幣_____（a. 升值　b. 漲價）了，這些美金換不了多少錢
了。

7. 小王在這家公司_____（a. 重要　b. 主要）的工作是跟客戶
連絡。

8. 我國跟貴國的_____（a. 貿易　b. 生意）關係越來越好。

9. 這個節目主持人的發音不太_____（a. 正確　b. 的確）。

10. 這個數位相機價錢高，是因為_____（a. 功能　b. 能力）
多，很受年輕人歡迎。

11. 我活了半＿＿＿＿（a. 輩　b. 輩子）了，還沒有看過這麼多人一起罷工。

12. 王老闆開了一家服裝公司，為了建立自己的＿＿＿＿（a. 品牌　b. 牌子），請了好幾位專家來研究發展。

13. 雖然我的年紀比你大，可是你比我早進公司，你還是我＿＿＿＿的（a. 長輩　b. 前輩）。

14. 文具的產量如果不夠大，＿＿＿＿（a. 資本　b. 成本）就沒辦法減少，很難賺錢。

15. 我們生產的筆記型電腦，客戶服務已經＿＿＿＿（a. 國際化　b. 全球化）了，不管你在世界上哪個地方，都可以享受到我們的服務。

四　連連看

1. 大哥大嫂吵著要離婚，我勸了半天，　　　　　a. 一方面也為了他的事業。

2. 我哥他們離婚的原因很多，　　　　　b. 是因為他老是有婚外情。

3. 我勸我哥不要離婚，是為了孩子，　　　　　c. 還騙了我的感情。

4. 除非你保證不再有外遇，　　　　　d. 跟社會各方面的發展都有關係。

5. 我之所以非跟我先生離婚不可，　　　　　e. 好不容易他們才答應不離了。

6. 老趙這個人真壞，他騙了我的錢不說，　　　　　f. 否則我還是要離婚。

7. 離婚率的高低　　　　　g. 我一個人難道活不下去嗎？

8. 哼！離婚就離婚，　　　　　h. 主要的是個性不合。

五 下面的句子都是從課文裡選出來的，你看看哪一個意思對？請選出來。

1. 好不容易今天中午才坐上了到這兒來的飛機。

    a. 坐今天中午到這兒來的飛機真不容易。

    b. 我的事情很多，一直忙到今天中午才能坐飛機到這兒來。

    c. 今天中午能到這兒來坐飛機實在不容易。

2. 你們聊，我去去就來。

    a. 你們聊天，我出去一下。

    b. 你們聊天，我就走來走去。

    c. 你們聊聊，我去一下就回來。

3. 嘗嘗你林媽媽做的菜，看你喜不喜歡。

    a. 這是林媽媽做的菜，你嘗嘗看喜不喜歡。

    b. 你看你喜不喜歡嘗嘗你跟林媽媽做的菜。

    c. 嘗了林媽媽做的菜以後，再看看喜不喜歡。

4. 真不簡單！華人的規矩也學會了。

    a. 要學會華人的規矩，真不簡單。

    b. 你真不錯，連華人的規矩也懂。

    c. 華人的規矩很不簡單，很難學會。

5. 別客氣，自己人。

    a. 不必客氣，你自己來。

    b. 不必客氣，你自己一個人來。

    c. 不必客氣，我們都是一家人。

六 請選出對的

1. 「跟銀行借錢」是_____（a. 投資　b. 貸款）。

2.「東西的好壞」是＿＿＿＿（a.品質　b.水準）。

3.「經濟情形很好」是＿＿＿＿（a.發展　b.景氣）。

4.「不太可能發生的事」＿＿＿＿是（a.奇蹟　b.居然）。

5.「沒有工作了」是＿＿＿＿（a.失業　b.失望）。

6.「工人因為老闆不答應他們的要求，就不工作」＿＿＿＿

是＿＿＿＿（a.罷工　b.打工）。

7.「說一個人怎麼好」是＿＿＿＿（a.得獎　b.誇獎）。

8.「東西比以前貴了」是＿＿＿＿（a.漲價　b.升值）。

9.「做多少時間的工，就拿多少錢」是＿＿＿＿（a.薪水　b.工
資）。

10.「事情最後的情形」是＿＿＿＿（a.結果　b.結束）。

七 這是什麼？請寫出來。

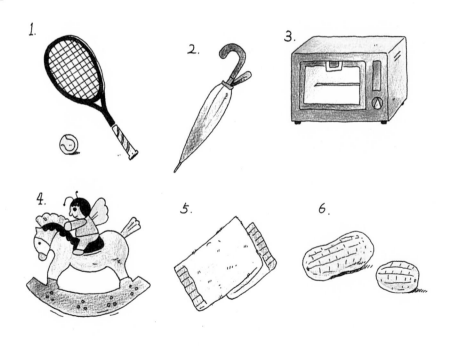

1. ＿＿＿＿　2. ＿＿＿＿　3. ＿＿＿＿

4. ＿＿＿＿　5. ＿＿＿＿　6. ＿＿＿＿

八　翻譯

1. There are many advantages to using machines to create furniture. For example, the output is very large, and the cost is low.

2. The company producing the eletronic products in which our boss invests has the highest output in all of Asia.

3. Although Little Li's salary is not high; he demands quality for everything, even his tools must be brand-name.

4. Our economy is not booming, so our company's policy is to temporarily not give workers a raise.

5. We're only a small enterprise. Every business transaction is less than $2,000,000 NT.

九 回答問題

有的人喜歡穿名牌的衣服，用名牌的東西，對這樣的事情，你的態度怎麼樣？

第十課 交通的問題

一 請寫出發音來

1. 確定
   決定

2. 布置
   不止

3. 救
   繫

4. 化妝
   划船

5. 超過
   出口

6. 輸血
   手術

7. 櫃子
   規則

8. 出院
   住院

9. 濕度
   速度

10. 鑽
    傳

二 請找出錯字，再寫出對的來。

( )( ) 1. 老張一直婚迷不醒，需要一個特別穫士照顧。

( )( ) 2. 你沒有罵照開車，過上警察就麻煩了。

( )( ) 3. 我才停了五分鐘，就被開了一張罰單，真滑不來。

( )( ) 4. 這條路很寬，路侃又好，你放心。

65

（　）（　）5. 那個值物人真可憐，我們損點錢給他吧！

（　）（　）6. 小陳忽然熬車，後坐的人就受傷了。

（　）（　）7. 老王出了車福，需要輪血。

（　）（　）8. 球火車開得太快，僮上了路邊的大樹。

（　）（　）9. 你沒擊安全帶，又闖紅燈，太危險了！

（　）（　）10. 那邊有個標志說麼托車不可以騎進去。

三　請寫出相反詞

1. 快樂　　　　　2. 已婚　　　　　3. 複雜

4. 愛　　　　　　5. 弱　　　　　　6. 離婚

7. 內銷　　　　　8. 原因　　　　　9. 不到

10. 住院

四　請選出合適的詞

1. 有人在馬路＿＿＿＿＿（a. 前面　b. 對面）叫你，你沒聽見嗎？

2. 參加的人都要遵守比賽＿＿＿＿＿（a. 規則　b. 規矩）。

3. 小王很＿＿＿＿＿（a. 節省　b. 省錢），每個禮拜只花二十塊錢吃飯。

4. 我從來沒戀愛過，不知道怎麼＿＿＿＿＿（a. 安排　b. 處理）感情的事。

5. 王先生＿＿＿＿＿（a. 夫妻　b. 夫婦）每天騎摩托車上班。

6. 喝了酒＿＿＿＿＿（a. 千萬　b. 萬一）不能開車，否則容易出事。

7. 你的傷大概一個禮拜＿＿＿＿＿（a. 差不多　b. 左右）才會好。

8. 飛機的＿＿＿＿＿（a. 速度　b. 快慢）比以前快多了。

9. 我這個德國朋友認識的中國字不＿＿＿＿＿（a. 超速　b. 超過）兩千個。

10. 我舅舅這次開刀只是小手術，醫生告訴他不需要_____（a. 輸血 b. 捐血）。

11. 因為我不了解路況，老師叫我別開車，改_____（a. 搭 b. 抬）捷運去他家。

12. 老丁想開個咖啡館，房子已經租好了，可是還沒拿到_____（a. 證書 b. 執照），所以還不能做生意。

13. 小林在鄉下出了車禍，因為_____（a. 當地 b. 當場）沒有大醫院，只好叫救護車送到大城市去。

14. 我室友在宿舍養狗，_____（a. 犯 b. 違反）了學校的規定，就被處罰了。

五　請選出合適的詞填上

超過、超速　　1. 在這條路上開車，如果速度_____九十公里，就_____了。

急診、急救　　2. 小錢的未婚妻晚上在地下鐵車站忽然昏倒了，大家手忙腳亂地給她_____，然後又趕快送到醫院去_____。

消防車、救護車　3. 我家在醫院旁邊，常常聽見_____的聲音，可是今天聽見聲音，跑出來看，卻發現是_____，原來隔壁燒起來了。

當天、當時　　4. 我上次滑雪，腳受傷，送去醫院動手術，我_____很緊張，很害怕，還好，_____就可以下床了。

撞上、撞到　　5. 小林沒駕照，卻騎著機車到處跑。有一天不小心_____路邊好幾輛車。他以為沒有人看見，沒想到被經過的警察_____，逃也逃不了了。

六 重組

1. 一　出院　小高　剛，又　摩托車　就　被　撞傷了，真
倒楣　！

2. 那個　你說　停車場　的，在　車站　地下鐵　旁邊
是不是　？

3. 以後　植物人　變成　趙先生，生活　就靠　趙太太
捐款　了　。

4. 在　出車禍的人　這個路口　每年，有　左右　三百個
大概　。

5. 哪天　確定　以後　你　動手術，告訴我，好　血　準備
我　。

6. 闖紅燈　何必　你　呢？危險　這樣　既，節省　又
多少　時間　不了　。

7. 老是　我室友　亂停車，罰單　一定　五張　我想　不止
這個月的　他　。

8. 吃藥　的時候　千萬　別　懷孕　亂，胎兒　會影響
要不然　。

七 請選出合適的詞填在上

單子　罰單　左右　標誌　駕照　超過　煞車　超速
當時　撞上　輕傷　傷害　路況　情況　碰上　處理

　　考上_____的第二天，我就帶著女朋友開車出去走走。

雖然我對_____不太了解，可是_____我實在太興奮了，開著

開著就_____了。開了半個小時_____，我跟女朋友談得正高

興，忽然看見一個警察叫我停車。我本來想_____，可是一

緊張卻_____了路邊的交通_____。女朋友也受了點_____。

這下子慘了！不但被開了一張_____，還被女朋友罵了一

頓。車子也得送去修理了。以後我再也不敢開快車了。

八 下面的句子都是從課文裡選出來的，你看看哪一個意思對？
請選出來。

1. 我也不敢確定，我來叫叫看。
　　a. 我也不敢確定，我叫來看看。
　　b. 我也不敢確定，叫來我看看。
　　c. 我也不敢確定，我叫她試試看。

2. 我們想捐點錢好幫助他。
　　a. 我們想捐點錢是為了要幫助他。
　　b. 我們想捐點錢好好兒地幫助他。
　　c. 我們想捐點錢幫助他比較好。

3. 這倒是個好辦法。
　　a. 倒是這個辦法好。
　　b. 這個辦法倒是好。

c. 欸，這個辦法不錯。

4. 會不會是他的速度太快才出事的？

    a. 他的速度會不會很快就出事？

    b. 他的速度太快會不會出事？

    c. 出事的原因可能是他的速度太快了吧？

5. 怎麼會這樣？

    a. 他們怎麼這樣做？真奇怪。

    b. 這是怎麼變成的？

    c. 這樣是怎麼做的？

九　請先看照片再回答問題

■ 交通宣傳看板（范慧貞提供）

1. 看板上的那兩句話告訴我們什麼？是關於什麼交通規則的？

2.騎摩托車的這個人左上方有一個紅色標誌，是什麼意思？

十 **回答問題**

你去過的城市裡，哪一個的交通最亂？你覺得原因是什麼？
有什麼辦法可以解決？

第十一課　探親

一　請寫出發音來

1. 繳稅
   教授

2. 親戚
   經濟

3. 祭祖
   記者

4. 檢查
   警察

5. 戒指
   解釋

6. 標準
   保證

7. 走私
   做事

8. 合照
   合作

9. 統一
   同意

10. 登機
    登記

二　請找出錯字，再寫出對的來。

(　)(　) 1. 班機娛點，撿查行李又很慢，害我父母等了很久。

(　)(　) 2. 姑姑拍拍我的肩傍，叫我別繳動。

(　)(　) 3. 這幾年我們沒什麼來住，表哥看見我的時候很冷談。

(　)(　) 4. 我戴的這個成指才二十塊而已。

（　）（　）5. 走和的東西都沒有繳稅，警察才要抓他們。

（　）（　）6. 船空公司的服務員，身材都很漂準。

（　）（　）7. 海俠兩岸的體育文流活動很多。

（　）（　）8. 小王說要結婚，卻忽然取銷了，大家都很警訝。

（　）（　）9. 僱客總是對的，有什麼問題要好好講通。

（　）（　）10. 祭組的時候親戚們都回來了。

三　請選出合適的詞

1. 助教的＿＿＿＿（a. 說明　b. 解釋）很清楚，我現在知道怎麼參加這個活動了。

2. 你別＿＿＿＿（a. 嚇　b. 怕）我表妹，要不然她更不敢一個人留在家裡了。

3. 王英英得了最佳女主角獎，＿＿＿＿（a. 感動　b. 激動）得說不出話來。

4. 張教授因為有事，＿＿＿＿（a. 放棄　b. 取消）了今天下午的演講。

5. 到底美的＿＿＿＿（a. 標準　b. 水準）是什麼？每個人都有不同的看法。

6. 你要＿＿＿＿（a. 專心　b. 認真）做這件事，不可以同時做兩件事。

7. 路上＿＿＿＿（a. 撿　b. 找）到的錢應該交給警察。

8. 在路上一邊走一邊吃東西，真不＿＿＿＿（a. 乾淨　b. 衛生）。

9. 中華航空公司 CI602 號＿＿＿＿（a. 飛機　b. 班機）快要起飛了，還沒上飛機的旅客請趕快登機。

10. 小張頭上的傷是因為車禍而＿＿＿＿（a. 變成　b. 造成）的。

11. 我已經買了戒指，可是還沒跟女朋友求婚，我打算給她一個＿＿＿（a. 驚喜 b. 驚訝）。

12. 這兩國的關係最近＿＿＿（a. 改變 b. 改善）了很多，這個月開始通航，兩邊的人來往更方便了。

13. 我正在專心地看新買的數位相機說明書，被我大伯的電話＿＿＿（a. 斷 b. 打斷）了。

14. 我玩滑翔翼的技術越來越好，每次＿＿＿（a. 掉了 b. 降落）的地方總是跟原來計畫的差不多。

15. 新年放假的時候，旅客＿＿＿（a. 增加 b. 再加上）了很多，航空公司只好加開班機。

16. 我太太父母很早就離婚了，所以我＿＿＿（a. 外婆 b. 老婆）是她媽媽一個人帶大的。

四 請把左邊的詞、詞組或句型放在右邊句子合適的地方。

1. 才…而已　　　　　這個孩子五歲，已經會說三種語言了。

2. 得很　　　　　　　這個醫生技術好，你開刀不必擔心。

3. 檢查個沒完，　　　我不過帶了三件行李，海關一會兒檢查這個，一會兒檢查那個，害我等了半天。

4. 光…就…　　　　　老謝的親戚很多，回老家的時候，買禮物花了一千塊美金。

5. 更別說　　　　　　給紅包小丁都不願意做，不給錢了，他
　　　　　　　　　　當然不願意做。

6. 自從　　　　　　　王愛美懷孕以來，一直愛吃酸的東西。

7. 舊的舊，髒的髒，　老趙搬家的時候，發現家具都不能用
　　　　　　　　　　了，就都丟了。

8. 好幾下　　　　　　這個計算機一定壞了，我按了，可是都
　　　　　　　　　　沒有反應。

五 **這是什麼？請寫出來。**

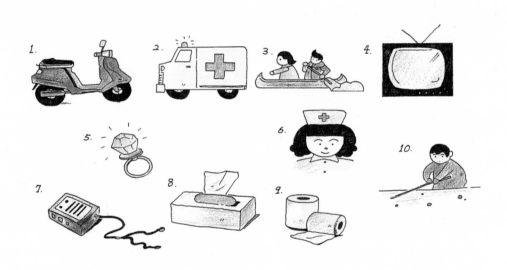

1. _____　2. _____　3. _____　4._____

5. _____　6. _____　7. _____　8. _____

9. _____　10. _____

六 請選出對的。

1.「所得稅」是＿＿＿＿（a. 所有的繳給政府的稅　b. 按照薪水的多少繳給政府的稅）。

2.「海關」是＿＿＿＿（a. 機場檢查行李的地方　b. 跟海有關的地方）。

3.「老家」是＿＿＿＿（a. 老房子　b. 一個人生下來以後住的地方）。

4.「旅客」是＿＿＿＿（a. 坐火車、飛機或船的客人　b. 旅館裡的客人）。

5.「外婆」是＿＿＿＿（a. 先生的媽媽　b. 媽媽的媽媽）。

6.「合照」是＿＿＿＿（a. 合作拍照　b. 一起照相）。

7.「非法」是＿＿＿＿（a. 不合法律　b. 不是法律）。

8.「誤點」是＿＿＿＿（a. 火車或飛機不準時　b. 有一點誤會）。

9.「轉機」是＿＿＿＿（a. 換飛機到別的地方去　b. 把飛機轉過來）。

10.「來往」是＿＿＿＿（a. 從那邊往這邊來　b. 跟別人連絡或見面什麼的）。

11.「台商」是＿＿＿＿（a. 去外國做生意的台灣商人　b. 台灣的商業）。

七 填字遊戲(cross-word puzzle)

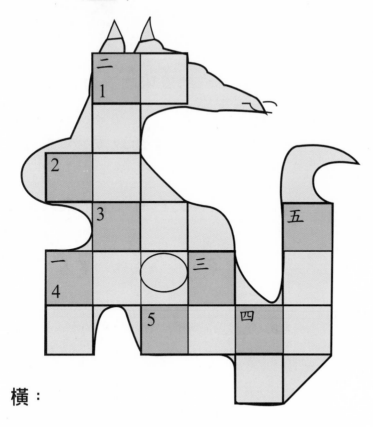

橫：

1. 對別人客氣的態度。

2. 家裡的人，比方說爸爸、媽媽、哥哥、姐姐…什麼的。

3. 比你說的或想的更多。

4. 這件事情本來就應該這樣，一點兒也不奇怪。

5. 飛機場裡賣東西的地方。

直：

一、不容易有的情形。

二、這句話的意思是你對別人太客氣，別人也不會覺得你不對。

三、人民按薪水的多少給政府錢。

四、commerce, trade, business

五、賣紙、筆、卡片…的地方。

第十二課　救救我們的地球吧

一　請寫出發音來

1. 能源	2. 廚餘
寧願	處理
3. 減價	4. 打折
講價	打仗
5. 汙染	6. 破壞
無論	保護
7. 癌症	8. 塑膠
眼睛	睡覺
9. 收買	10. 廢物
小麥	服務

二　請找出錯字，再寫出對的來。

（　）（　）1. 雖然打拆比較便宜，可是最好考盧清楚再買。

（　）（　）2. 世界上的淼林越來越少了，我們應該節鈞用紙。

（　）（　）3. 你亂丟拉圾，小心引起別人杭議。

（　）（　）4. 因為溫室校應，造成氣候暖化，弹起了科學界的重視。

79

（　）（　）5. 塑繆做的東西雖然不值錢，你們還是要愛借。

（　）（　）6. 我孩子用的屎布都是在這家講物中心買的。

（　）（　）7. 這個波璃瓶裝水正好，不要拿去腿錢了。

（　）（　）8. 醫院的發棄物有傳染性，你要提腥打掃的人多注意。

（　）（　）9. 大家都用在生紙，還保的工作才能繼續。

（　）（　）10. 老錢的目地就是破壞我們的計畫。

三　請選出合適的詞

1. 我要去上課了，奶奶還嘮叨個沒完，我很不_____（a. 耐心 b. 耐煩）。

2. 現在經濟不景氣，換工作的事情你要多_____（a. 考慮 b. 想像）。

3. 這個孩子的玩具太多，所以他一點也不_____（a. 可惜 b. 愛惜）。

4. 太陽能是最值得人類利用的一種_____（a. 能源 b. 資源）

5. 為了方便_____(a. 整理 b. 管理），老闆要求所有的工人住宿舍。

6. 我們是老朋友了，別人隨便說的一句話就能_____（a. 弄壞 b. 破壞）我們的關係嗎？

7. 不知道什麼_____（a. 汙染 b. 傳染）了海水，魚都死光了。

8. 樹多的好處，除了可以美化環境，還可以減少_____（a. 氧氣 b. 二氧化碳）。

9. 古代的船，主要靠＿＿＿＿（a. 風力　b. 水力），才能走得很遠。

10. 政府回收寶特瓶的＿＿＿＿（a. 目標　b. 目的），是要減少環境的汙染。

11. ＿＿＿＿（a. 核能　b. 太陽能）除了發電以外，也可以用在醫學上。

12. 塑膠工廠的＿＿＿＿（a. 廢料　b. 廢棄物），還可以再利用嗎？

四　連連看

1. 老闆本來很大男人主義，經過溝通以後，

2. 以前是男人的社會，

3. 我雖然有重男輕女的觀念，

4. 我哥哥保守得要命，

5. 我們校長不相信女人的能力，

6. 現在女人的社會地位不高，

7. 李愛美念大學居然不是為了念書，

8. 我大哥總是叫我大嫂幫他倒茶、拿脫鞋，

a. 也不至於不讓女孩子受教育。

b. 他覺得女人結了婚就不該工作了。

c. 而是為了找到更理想的男朋友。

d. 他才不再歧視女人了。

e. 我不能不替女兒的將來擔心。

f. 他又不是沒有手，沒有腳，為什麼不自己做？

g. 一直想把女的系主任都換掉。

h. 現在該女人表現了。

五 下面的句子都是從課文裡選出來的，你看看哪一個意思對？請選出來。

1. 慢慢來，不急。

  a. 他來得很慢，一點都不著急。

  b. 你慢慢地過來，不必著急。

  c. 你慢慢地做，不必急，時間很多。

2. 剛剛給你們打電話，一直講話中。

  a. 我剛剛一直跟你們講電話。

  b. 我剛才給你們打電話，一直打不通，有人在用電話。

  c. 你們講話的時候，我一直在給你們打電話。

3. 每天丟掉的不知道有多少。

  a. 每天丟掉好多東西，算都算不清楚。

  b. 我不知道每天要丟掉多少東西。

  c. 誰知道每天要丟掉多少東西。

4. 報紙還可以賣錢啊？

  a. 報紙還是能賣錢啊？

  b. 還是報紙能賣錢啊？

  c. 報紙也可以賣錢啊？真沒想到。

5. 別緊張，我又沒有一直按（喇叭）。

  a. 你別緊張，我一直沒有按（喇叭）。

  b. 你別緊張，我沒有再按（喇叭）。

  c. 你太緊張啦，我沒有按很久嘛！

六 請選出對的

1. 「噪音」是＿＿＿＿（a. 讓人聽了討厭、不舒服的聲音　b. 不標準的發音）。

2.「退錢」是＿＿＿＿＿＿（a. 不要別人的錢　b. 把不該拿的錢還給別人）。

3.「發明」是＿＿＿＿＿＿（a. 做出從前沒有的東西　b. 事情發生以後就明白了）。

4.「廢棄物」是＿＿＿＿＿＿（a. 用過以後丟掉的東西　b. 應該放棄的東西）。

5.「大驚小怪」是＿＿＿＿＿＿（a. 對什麼事都覺得奇怪　b. 對不奇怪的事情也覺得驚訝）。

6.「冰河」是＿＿＿＿＿＿（a. 有很多冰塊的河　b. 高山上的雪，多年都沒有融化，因為越來越重而慢慢往下滑動，好像河水往下流）。

7.「提醒」是＿＿＿＿＿＿（a. 告訴別人要別人注意　b. 叫醒別人）。

8.「收破爛」是＿＿＿＿＿＿（a. 把破的、爛的收起來　b. 為了賺錢收買或撿別人不要的東西）。

9.「廚餘」是＿＿＿＿＿＿（a. 果、菜皮跟沒有吃完的東西　b. 廚房裡多出來的東西）。

10.「減價」是＿＿＿＿＿＿（a. 減輕東西的價錢　b. 東西打折賣）。

11.「發電」是＿＿＿＿＿＿（a. 發現有電　b. 生產電力）。

12.「雨林」是＿＿＿＿＿＿（a. 常常下雨，很濕的森林　b. 雨季的森林）。

13.「管理員」是＿＿＿＿＿＿（a. 坐在大樓門口，負責收信、收費、修理東西的人　b. 負責管公司職員的人）。

七 請選出合適的詞填在上

目的地	目標	按	壓	購物中心	科學家	科學界
垃圾筒	科技	技術	保護	保險	輪胎	輪子
抗議	考慮					

　　女朋友跟我分手了，我傷心得把她送我的東西都丟進＿＿＿＿＿＿＿＿裡去了。正想一個人安靜一下，忽然聽見外面有人亂＿＿＿＿＿＿＿喇叭，我跑出去＿＿＿＿＿＿他製造噪音。結果跟那人吵了一架。我心情實在壞極了，就想開車到＿＿＿＿＿＿＿逛逛，也可以＿＿＿＿＿＿一下，沒有了女朋友，以後要怎麼生活。沒想到快要開到＿＿＿＿＿＿的時候，＿＿＿＿＿＿又破了，動不了了。唉！怎麼這麼倒楣？＿＿＿＿＿＿能不能發展一種＿＿＿＿＿＿，可以＿＿＿＿＿＿地球上的人類，不再因為失戀而痛苦呢？

八 請先看下面照片，再回答問題。

1. 這是什麼東西？

2. 這是誰放在這裡的？

3. 舊衣服回收以後，要做什麼用？

■ 范慧貞提供

臺北市政府環境保護局提供

1. 這張海報希望臺北市民有什麼樣的好觀念。

2. 廚餘減量的觀念有什麼好處？

3. 想要讓廚餘減量，在家要怎麼做？

4. 想要讓廚餘減量，在外面要怎麼做？

5. 環保局鼓勵大家用什麼回收廚餘，而不要用什麼回收廚餘？

6. 廚餘回收桶在這張海報上的什麼地方？請寫出來。

九　回答問題

1. 你的生活裡有哪些事情是合環保的要求的？

2. 經濟的發展會讓人民的生活更好，可是經濟的發展會破壞環境的時候，你覺得應該怎麼辦？

第十三課　比比看誰會說故事

一　請寫出發音來

1. 輔導
   斧頭

2. 過世
   告訴

3. 孝順
   享受

4. 作者
   作證

5. 明星
   迷信

6. 櫻桃
   月台

7. 老師
   老實

8. 遲到
   知道

9. 誠實
   真實

10. 屁股
   蘋果

二　請找出錯字，再寫出對的來。

(　)(　) 1. 那個風子拿著一把刀看見人就坎。

(　)(　) 2. 你穿這麼簿的衣服出去，一定會棟死。

(　)(　) 3. 這本書的播圖很好看，內容也很有意思。

(　)(　) 4. 你不願意做，就不要免強，要愿敢地向對方
   說「不」。

(　)(　) 5. 你這麼謎信，什麼奇怪的說法都相信，墀早
   會被人騙。

87

（　）（　　）6. 這把釜頭我找了半天，原來被布盍起來了。

（　）（　　）7. 小張清了半天，都清不出來，不好意思得一
　　　　　　　　直模頭。

（　）（　　）8. 我在樹上摘櫻桃不小心率下來，屁服好疼！

（　）（　　）9. 褲子太笮，穿了不舒服，他不育穿。

（　）（　　）10. 俊瓜，那只是一個蒙，何必那麼認真？！

（　）（　　）11. 王先生雖然是我的憐居，可是我們並不熱。

三　請選出合適的詞

1. 老林沒站好，從梯子上＿＿＿＿（a. 掉　b. 摔）下來了。

2. 如果警察來問我，我願意替你＿＿＿＿（a. 作證　b. 證明）。

3. 我弟弟不愛乾淨，他的房間＿＿＿＿（a. 從來　b. 向來）亂
　七八糟。

4. 王美英喜歡＿＿＿＿（a. 插嘴　b. 打斷），所以別人都討厭
　她。

5. 那個＿＿＿＿（a. 神經病　b. 瘋子）連他父母都不認識了。

6. 我＿＿＿＿（a. 碰碰　b. 摸摸）口袋才發現一毛錢也沒帶。

7. 小林找太太的＿＿＿＿（a. 證件　b. 條件），主要的是能孝順
　他母親。

8. 王太太很會＿＿＿＿（a. 過日子　b. 生活），花錢都有計畫。

9. 這本書很＿＿＿＿（a. 薄　b. 細），只有十六頁。

10. 張主任的實力是比我強，我＿＿＿＿（a. 同意　b. 承認）我不
　如他。

11. 我說我的中文＿＿＿＿（a. 程度　b. 條件）不如你，是老實
　話，並不是拍馬屁。

12. 這個綜藝節目請現場的觀眾，從一個人的服裝打扮跟態
　度，＿＿＿＿（a. 猜　b. 猜到）那個人的職業。

13. 我在公園散步，一轉身就看見一個飛盤＿＿＿＿（a. 照　b. 向）著我飛過來，嚇得我趕快跑開。

14. 李文德父親的薪水很低，拿來養一家七口人，只能＿＿＿＿（a. 勉強　b. 努力）過日子。哪裡有錢存銀行？

15. 冰箱用電很多，最好有自己的＿＿＿＿（a. 插頭　b. 插座），免得危險。

16. 別＿＿＿＿（a. 傻　b. 傻瓜）了！你把這麼好的機會讓給你同事，他也不會感謝你。

17. 這本書我只看過一次，內容我不＿＿＿＿（a. 熟　b. 利），沒辦法評論。

四　下面的句子都是從課文裡選出來的，你看看哪一個意思對？請選出來。

1. 你們來得正好，幫我想想吧！
    a. 真好你們來了，替我想想吧！
    b. 我正想找人幫忙，你們就來了，快幫我想想怎麼辦吧！
    c. 你們來了就好了，快想想怎麼幫我忙吧！

2. 你說話要算話喔！
    a. 你說完話要算一算說了幾句。
    b. 你說過的話都算是你的話。
    c. 你說了就算是答應了，應該要做到。

3. 跟著母親過日子。
    a. 跟母親一起生活。
    b. 跟母親一起過那邊去生活。
    c. 給母親過生日。

4. 讓我想一想，有了！

　　　a. 你讓我想一下，噢！我想起來了。

　　　b. 我來想一想，啊！我有辦法了。

　　　c. 給我時間想一想，噢！我知道了。

5. 他不請，我請。

　　　a. 他不要請客，我來請。

　　　b. 不要他請客，我請你。

　　　c. 如果他不請你，我就請。

五 **請把左邊的詞、詞組或句型放在右邊句子合適的地方。**

1. 關於　　　這部電影的劇情是一個美國移民的故事。

2. 說也奇　　陳太太平常很怕蛇，今天為了救孩子，一點兒
　　怪，　　　也不怕了。

3. 向來　　　我不迷信，我不認為夢到蛇有什麼特別的意
　　　　　　思。

4. 遲早　　　小王雖然老實，可是並不笨，他會發現你是騙
　　　　　　他的。

5. 結果　　　我們勸小丁想開一點，可是他不聽，就發瘋
　　　　　　了。

6. 所　　　　你找的證人，就是我的鄰居，他已經跟我說
　　　　　　了，東西不是你偷的。

7. 照　　　　雖然後面的人一直罵他不排隊，可是老趙不
　　　　　　管，還是插隊。

8. 於是　　　鄰居抗議我們打麻將聲音太大，我就把窗戶都
　　　　　　關上了。

六　這是什麼？請寫出來。

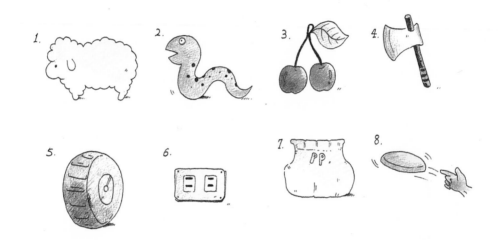

1. _____　2. _____　3. _____　4. _____

5. _____　6. _____　7. _____　8. _____

七　請選出對的

1. 「老掉牙」是_____（a. 太老了，牙都掉了　b. 時間很久很
　久了）。

2. 「站出來」是_____（a. 出來站著　b. 勇敢地出來承認自己
　做了什麼，不逃避責任）。

3. 「拍馬屁」是_____（a. 拍馬的屁股　b. 說一些好聽但不是
　真正心裡的話，讓對方高興）。

4.「內容」是＿＿＿＿（a. 書、文章…裡面說些什麼　b. 裡面的東西）。

5.「利」是＿＿＿＿（a. 刀子、斧頭很好用，很容易把東西弄斷　b. 用）。

6.「蓋」是＿＿＿＿（a. 用一個東西放在另外一個東西上面，下面那個東西就看不見了　b. 不讓別人知道）。

7.「過世」是＿＿＿＿（a. 過去的世界　b.「死」的客氣說法）。

8.「窮」是＿＿＿＿（a. 沒有錢　b. 可憐）。

9.「孝順」是＿＿＿＿（a. 老是順便做事　b. 聽父母的話做事）。

10.「誠實」是＿＿＿＿（a. 說真話，不騙人　b. 真正的）。

八 你看了這一課的四個故事以後，你覺得怎麼樣？請簡單說一說。

九　請先看照片，再回答問題。

更神奇的是，居然跳出兩條活生生的鯉魚，王祥趕快抓起鯉魚回家，煮了新鮮的魚湯端到繼母面前，繼母看到王祥不但不記恨，而且還如此孝順，感動得直流眼淚。從此繼母不再討厭王祥，她相夫教子，變成一個賢良的家庭主婦，而王祥也多了一個疼愛他的母親。

給父母的話

奇蹟的產生，需要強大的信念，而支撐此一信念的，則是背後的孝心。一個人如果有心，很多看起來不可能的事，都會奇蹟似的成真。

■二十四孝：取自九童國際文化事業有限公司出版之故事全集（范慧貞提供）

1. 這個故事叫什麼名字？

2. 請看右邊照片裡面的故事內容，有哪些詞是你學過的，請寫出來。

3. 「給父母的話」你看懂了多少？你同意這個說法嗎？為什麼？

第十四課 來一段相聲

一 請寫出發音來

1. 相聲
   相信

2. 領帶
   領導

3. 血型
   學習

4. 一時
   意思

5. 上當
   相當

6. 好吃
   好奇

7. 整齊
   政治

8. 故意
   國語

9. 偷懶
   投籃

10. 髮型
    發生

二 請找出錯字，再寫出對的來。

( )( )1. 今天來參加晚會的女土都穿著淇袍。

( )( )2. 我偷賴是我不對，你大人不紀小人過，原諒
          我吧！

( )( )3. 老陳的臉皮很原，一點都不在呼別人怎麼說
          他。

( )( )4. 小王樓著女朋友高高興興地走了，跟本沒看
          見我們。

(　)(　) 5. 今年流行的髮形不見的適合你。

(　)(　) 6. 張先生演講的時候，每說完一段就鞠一個
射。

(　)(　) 7. 參議員戀下腰來臃抱那個孩子。

(　)(　) 8. 你打憤嚏的聲音那麼大，簡真嚇死人。

(　)(　) 9. 我誇獎小高能幹，他謠著頭謙慮地說：「哪
裡，哪裡。」

(　)(　) 10. 王美美說不好吃，就把整盤豆府都倒了，真
滄費。

三 　 下面有__的字，請寫出發音來。

1. 長輩	2. 到處	3. 答案
長短	處罰	答應
4. 倒水	5. 的確	6. 好玩
倒楣	目的	好奇
7. 假裝	8. 看家	9. 相片
放假	看法	相反
10. 興奮	11. 音樂	12. 背包
興趣	吃喝玩樂	背書
13. 當兵	14. 反應	15. 分手
上當	應該	部分
16. 教育	17. 實行	18. 得意
教書	銀行	免得
19. 勉強	20. 吐口水	21. 以為
強人	吐了	為了
22. 要求	23. 間接	24. 瓜子
要命	房間	肚子

四　請選出合適的詞

1. 我參加比賽只是為了得點經驗，＿＿＿＿（a. 不見得　b. 不在乎）輸贏。

2. 小馬雖然得了博士，可是還很＿＿＿＿（a. 謙虛　b. 規矩），常說自己懂得不多。

3. 我出去倒垃圾的時候＿＿＿＿（a. 懶得　b. 懶）穿外套，結果感冒了。

4. 比賽輸了，教練對球員的表現相當不＿＿＿＿（a. 滿足　b. 滿意）。

5. 這個演員一直演配角，這次＿＿＿＿（a. 簡直　b. 終於）有機會演主角了。

6. 因為雪太大，路不通了，爸爸＿＿＿＿（a. 一直　b. 一時）還回不來，你別等了。

7. 搬家以前應該把東西＿＿＿＿（a. 整理　b. 管理）好。

8. 小林＿＿＿＿（a. 明白　b. 明明）穿的是西裝，你怎麼說他穿的是圓領衫。

9. 我妹妹常＿＿＿＿（a. 開玩笑　b. 取笑）我的髮型像老太太。

10. 那個外國人說他吃過北平烤鴨，其實他＿＿＿＿（a. 根本　b. 本來）不知道烤鴨是什麼。

五　請寫出相反詞

1. 寬　　　　　　2. 熱心　　　　　　3. 進步

4. 直接　　　　　5. 合法　　　　　　6. 保護

7. 薄　　　　　　8. 節約　　　　　　9. 亂七八糟

六　連連看

1. 我走的時候明明鎖好了門，
2. 我檢查了一下房間，可惡！
3. 我聽見有人叫抓小偷，就出來追，
4. 我去替張教授打掃房間，
5. 你同事的錄音機跟你丟的一樣，
6. 我同學寫報告，用了我很多資料，可是沒告訴我，
7. 警察查了好幾個月，
8. 你室友雖然偷了你的錄音機，

a. 小偷連錢帶錄音機都偷走了。
b. 結果他的學生把我當做小偷了。
c. 居然還不承認，簡直就是小偷！
d. 可是看在他是第一次偷東西的份上，原諒他吧！
e. 回來的時候門卻開著。
f. 終於查出來是誰偷了我的錄音機了。
g. 不見得就是他偷了你的。
h. 一口氣跑了四百公尺才抓到他。

七　翻譯

1. That guest got boxed in the ear because he was making sexual advances on the waitress.

2. I fell for it; this is not brandy at all, it's fruit juice.

3. My father's stomach is so big; it is not easy for him to bend over to tie his shoelaces.

4. When Little Wang goes with us to eat, he always (completely) doesn't bring money on purpose. He's really shameless (thick-skinned) !

5. (When you) yawn, it isn't necessarily that you want to sleep; maybe it's that the Oxyen in the room isn't enough.

6. When my little brother makes a lot of noise in public places and doesn't care at all about other people, I simply lose face.

八 填字遊戲(cross-word puzzle)

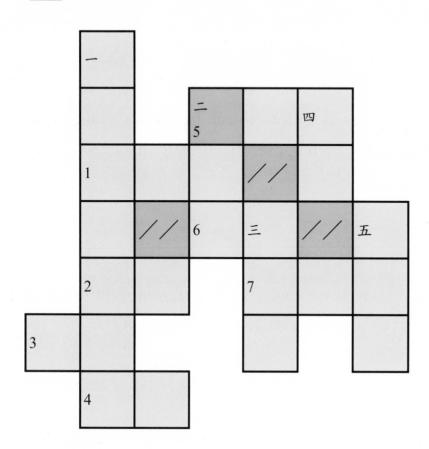

橫：

1. 不一定跟你想的一樣

2. 上廁所，讓身體裡的水出來。

3. 沒有錢的人

4. 人死了

5. 因為時間太長，心裡不高興，很希望這個情況趕快結束。

6. 不一樣

7. 教人了解男人女人身體、心理上有什麼不同。

直：

一、這句話是在自己做錯事，希望別人原諒的時候說的。

二、沒有別的辦法，只好這麼做。

三、男人愛男人，女人愛女人。

四、心裡覺得很麻煩，不容易解決的事情。

五、可以在裡面運動的大房子

國家圖書館出版品預行編目資料

新版實用視聽華語學生作業簿 / 國立臺灣師範大學主編. － 二版. －
　臺北縣新店市： 正中, 2008. 2
　　冊；19x26公分

　　ISBN 978-957-09-1798-7（第1冊：平裝）
　　ISBN 978-957-09-1799-4（第2冊：平裝）
　　ISBN 978-957-09-1800-7（第3冊：平裝）
　　ISBN 978-957-09-1801-4（第4冊：平裝）
　　ISBN 978-957-09-1802-1（第5冊：平裝）

新版《實用視聽華語》學生作業簿（四）

主 編 者◎國立臺灣師範大學
編輯委員◎范慧貞・劉秀芝（咪咪）・蕭美美
召 集 人◎葉德明
著作財產權人◎教育部
地　　　址◎(100)臺北市中正區中山南路5號
電　　　話◎(02)7736-7990
傳　　　真◎(02)3343-7994
網　　　址◎http://www.edu.tw

發 行 人◎蔡繼興
出版發行◎正中書局股份有限公司
地　　　址◎臺北縣(231)新店市復興路43號4樓
電　　　話◎(02)8667-6565
傳　　　真◎(02)2218-5172
郵政劃撥◎0009914-5
網　　　址◎http://www.ccbc.com.tw
　　　　　E-mail：service@ccbc.com.tw
門 市 部◎臺北縣(231) 新店市復興路43號4樓
電　　　話◎(02)8667-6565
傳　　　真◎(02)2218-5172

香港分公司◎集成圖書有限公司－香港皇后大道中
　　　　　283號聯威商業中心8字樓C室
TEL：(852)23886172-3・FAX：(852)23886174
美國辦事處◎中華書局－135-29 Roosevelt Ave.
　　　　　Flushing,NY 11354 U.S.A.
TEL：(718)3533580・FAX：(718)3533489
日本總經銷◎光儒堂－東京都千代田區神田神保町
　　　　　一丁目五六番地
TEL：(03)32914344・FAX：(03)32914345

政府出版品展售處

教育部員工消費合作社
地　　　址◎(100)臺北市中正區中山南路5號
電　　　話◎(02)23566054
五南文化廣場
地　　　址◎(400)臺中市中山路6號
電　　　話◎(04)22260330#20、21

國立教育資料館
地　　　址◎(106)臺北市大安區和平東路1段181號
電　　　話◎(02)23519090#125

行政院新聞局局版臺業字第0199號(10588)
出版日期◎西元2008年2月二版一刷
　　　　　西元2010年3月二版三刷
ISBN　978-957-09-1801-4
定價／110元
著作人：范慧貞・劉秀芝（咪咪）・蕭美美

分類號碼◎802.00.084

GPN 1009700071

著作財產權人：教育部